EDUCATION

天窗出版

精英大學堂

英國升學策略藍圖

凌羽一博士(Dr. Jeffrey Hui)著

人生難得的機會

費歐娜・雷諾茲女爵士
劍橋大學伊曼紐爾學院院長

（中譯本）

讓自己或下一代遠赴重洋、出國留學，是一項重大的決定。許多人能成功踏出這一步，是因為他們相信：留學是難得的人生機遇，通過學習進修，磨練技藝，從而提升自己，對自己未來的人生發展，會有更大裨益。然而，要從龐雜的留學資訊中汲取關鍵信息，是十分困難的。這將切切實實影響著你的留學取向，甚至會為不少人帶來「選擇困難症」的煩惱。

因此，無論你是家長，還是計劃留學的年輕人，都應該閱讀羽一博士所著的新書。事實上，這書的內容遠比書名所簡述的豐富得多。其中先將英國教育與美、澳、加三國的教育體系作比較，再深入剖析英國教育。我深信，對於所有有意赴英留學的人，書中提及的英國中學、大學以至人生規劃和職業發展相關的內容，都是相當有價值的資訊。

當你決定有了具體而清晰留學的目標，肯定會千方百計，搜尋相關院校或組織的最新資訊。不過，我認為閱讀羽一博士的新書，是全面瞭解英國教育體系的最好開始。

Opportunity of a lifetime

Dame Fiona Reynolds
Master, Emmanuel College, University of Cambridge

Educating yourself or your child in another country, especially one that is far away across the world, is a big decision. Yet many people make it, because they believe it will provide the opportunity of a lifetime, and the chance to study, learn and acquire skills that will benefit their future lives. But knowing how and where to find out the critical information that will help in the choice of where to study, and all the related things you need to know, is hard. There are so many options that the choice might seem overwhelmingly difficult.

That is why Dr. Jeffrey Hui's new book about study in the UK will be so helpful, whether you are a parent, or a young person exploring study options for yourself. In fact, it goes much wider than the title suggests, first comparing British education with that offered in the USA, Australia and Canada before focusing on the UK. The information on schools, universities and career paths will, I'm sure, prove invaluable to anyone interested in studying in Britain.

Of course, once the options become clearer you will want to contact the institutions themselves, check their websites for the most up to date material, and perhaps even visit. But as a way of gaining an understanding of the special attributes of the British education system, I cannot think of a better place to start than Dr. Hui's book.

書到用時方恨少

文灼非

灼見名家傳媒創辦人、社長

凌羽一博士又有新書面世，可喜可賀。近年由於業務繁忙，不敢輕易答應朋友為他們的新書寫序，羽一盛意拳拳，這裏分享一點我對他的印象，作為推薦。

2003至2004年我接任《信報財經月刊》一、兩年後，發現《信報》出現一位名為凌羽一的年輕作者，寫作題材新穎，令我印象深刻。後來從中大商學院陳志輝教授得知，羽一是他的得意門生，年輕有為，當時我覺得其文章有才氣，他日一定非池中物。

後來他在不同媒體均有發表文章，涉獵範圍很廣，題材新穎，具啟發性。2014年我創辦的灼見名家傳媒得到他的大力支持，定期為我們的網站撰寫精彩文章，欄目包括寫營銷的「贏銷0與1」、寫教育的「教學一席談」、寫升學的「夢想大學堂」，盡顯他的博學多聞，人脈豐富，難怪文章合集出版後都洛陽紙貴，經常登上暢銷書排行榜。他自己定位為商業實戰教育家，對市場策略有深入研究，幾年前更被推選為香港市務學會主席。在他任內，我經常出席學會的精彩講座，有機會認識各行各業的翹楚，他們後來更成為灼見名家的作者及講者。當年和羽一常常碰頭，大家都希望有機會合作，特別在教育方面。

2019年6月25日，他以教育策略家的身份與灼見名家合作主講一場英國升學講座——考入牛津劍橋的竅門，200多個座位幾乎全場滿座，可見他的非凡魅力。2020年他為新城電台策劃一個名為「名校巡禮」的中小學校長訪談節目，大家有機會緊密合作，拍攝視頻。

羽一對教育的熱愛，從這本《精「英」大學堂——英國升學策略藍圖》充份展現，是芸芸同類書籍中最有眼界與深度的一本。他以環球教育新趨勢的角度，為立志赴英留學的莘莘學子指點迷津，造福人群。

祝願羽一的教育事業更上一層樓！

體悟教育的真秘

徐力恆

羅德學人
香港城市大學中文及歷史學系助理教授
牛津大學東方研究哲學博士

我從事歷史教學和研究，所以特別慶幸自己求學時能有機會到英國的古老學府學習。游走歷史悠久的校園，追隨深厚學術傳統的腳步，有時難免會想，這樣的學習環境大概最能培養學生的歷史感吧。著名作家、學者林語堂談牛津大學的教育時，曾以中國古代的書院教育來比擬，他説：「一回想我們古代書院的教育，注重師生朝夕的薰陶，講學的風氣，又想到書院中師生態度之閑雅，看書之自由，及其成績之遠勝現代大學教育，也就可以體悟此中的真秘罷。」身處今天的英國學府，雖已少了幾分閑適，但其教育體系仍舊巧妙地結合了傳統和現代。

求學之餘，我也曾在英國任教一段時間。那時除了課堂講授，還為大學的招生遴選、面試環節出力。這些對當地學制和教育模式的體驗，讓我深感英國學府的運作和教育精神仍有不易為外人理解之處，甚至有某種「神秘色彩」。當下網絡資訊多如牛毛，但關於留學英國，深入精到的內容仍然不多。幾年來羽一兄常和我交流對國際教育議題的看法，他開闊的眼界和識見讓人佩服。我實在樂見他的大作出版——這對學子們和家長來説，確是一幸事。

海外升學 與世界接軌

麥凱鈞

香港中文大學外科學系（榮譽）臨床副教授

腦神經外科顧問醫生

2001 年香港會考 10 優狀元

首先感謝羽一邀請我為他的新書撰寫序言。我跟他相識多年，深深感受到他對教育充滿熱誠。隨著全球越趨一體化，現在香港的年青人更加需要有國際視野去迎接不斷轉變的大環境，到外國升學已經成為一個不可或缺的選擇。

從前要準備到外地升學，往往不知應該如何入手。如今網絡資訊氾濫，卻難核實真偽。羽一的新作《精「英」大學堂——英國升學策略藍圖》，結合他多年教育的經驗和詳盡的資料搜集，在書中羅列各項必須知道的資訊，並對留學英國作出精闢的分析。此外書中宏觀地分析整體海外留學的情況，以及指導讀者如何開展生涯規劃，對學生、家長，甚至老師也有莫大裨益。

有志者

張灼祥

拔萃男書院前校長

凌羽一博士發給我一個短訊，儘管生活忙碌，要兼顧的事可多，他仍能按照計劃如期完成他的《精「英」大學堂——英國升學策略藍圖》一書。

羽一對到外國升學，下足功夫、做足研究。他以過來人身份組成「導賞團」，親自帶同學看看，到英國讀書，有什麼機會、有什麼好的選擇。

曾在電台與羽一談教育問題，他對教育的熱誠觸動了我。羽一的學成歸來故事，詮釋了「有志者事竟成」這句話的真意。

現在羽一現身說法，讓年輕人知道：想入精「英」大學，不再是一個遙不可及的夢想。

學成歸來　薪火相傳

陳浩然

香港中文大學生命科學學院教授

劍橋大學遺傳學哲學博士

海外升學除了能增長知識外，還能拓闊個人視野，建立國際化的人際網絡。是次獲羽一邀請為此書撰序，讓我回想起自身早年留學海外的經驗。

那些年，資訊科技並不如今天普及，既沒有發達的互聯網資訊（當年已有互聯網，但網上資訊比較匱乏），連實體的升學指南也屬於圖書館的館藏圖書，不得外借。那時候，我只得常常留守在圖書館內閱讀，就是為了能汲取更多相關的升學資訊。

如今，資訊科技比以往發達得多，很多升學資料也能從互聯網上取得。然而，網上資料雖多，但是有的資料已過時。即使有合時的資料，卻又需要從不同的網頁中搜索或需要自行歸納資料，著實要花很多時間。有見及此，羽一把種種升學資訊及注意事項，鉅細無遺地編輯成書，並加入個人經驗和種種分析，讓有志到英國升學的人士，能夠方便而有效率地獲得詳盡的相關資訊。

尤記得，當年我在香港就讀大學的時候，其中一位令我畢生敬仰的老師，是從國外留學歸來的教授。他告訴我回港執教鞭的原因，是希望自己學成之後，能夠回饋香港，為香港培育下一代。正因為恩師的這份心志，讓我有機會得到他的教導。希望大家在海外學成後也能回饋香港，達至薪火相傳，孕育一代接一代的香江學人。

行萬里路 先由名師引路

黃曦

香港中文大學醫學院助理院長（研究）

內科及藥物治療學系副教授

牛津大學臨床基因學哲學博士

在世界經濟、技術和人口交流日深的全球化世界中，優質的教育甚為重要。未來世界的主人翁，需具備多元的技能，包括多邊主義（Multilateralism）的思維方式，理解及尊重不同文化的能力，以及溝通合作的技巧。在世界經濟中心東移、中西文化交融之際，每個人更需要擁有國際性的視野和觸覺。

好友羽一博士的書為有意出國留學、拓展眼界的莘莘學子提供了指引。以英國教育為題，羽一博士首先探討和比較不同國家的教育理念、風氣和課程。基於本身獨特的教育背景和青年教育的經驗，在隨後的章節，羽一博士分享了十多個學生個案作例子，帶出選擇學科、考慮出路和全人發展的重要。羽一博士的文字擲地金聲，內容深入淺出，實用易懂。

認識羽一博士的人都知道，他是一位有無比幹勁和活力的人，多年來積極推動教育，作育菁莪，慧業文人。羽一博士先後任教於多家大專院校，是英倫博士教育的創辦人及首席學術總監，在中學和大學教育有豐富的教學經驗。對於有意出國留學的學子及其家長來說，這本書將是你愛不釋手的讀物。

勇敢走出舒適區

盧安迪
《信報》專欄作者

隨著全球交流日益頻繁，新一代公民的人生長路，很大可能會穿梭在不同國家之間，即使在同一地方生活和工作，亦定須與外界溝通，因此國際視野必不可少。在東西文明並駕齊驅的格局下，廣博的文化觸覺更形重要。

從這角度看，香港年輕人有著得天獨厚的優勢。一來，本地的中小學為學生打下扎實的中英文基礎。同時，香港的教育和考試制度亦有較高認受性，與海外高校接軌，讓學生有負笈歷練的機會。此等條件，實應好好珍惜和運用。

有意見認為，全世界大學的本科課程分別不大，故在研究院階段才到外國留學亦無甚損失。可是，需知道教育並不限於書本知識，而是眼界和心境的拓展。高中和大學本科時期，正值年輕人世界觀逐漸成型、課外活動亦最為豐富的階段，如能在這段時間離開舒適區，接受不同文化的薰陶甚至衝擊，往往有豁然開朗之效。

凌羽一博士多年來熱心推動教育，通過電台節目、寫作等渠道分享升學知識，充滿幹勁，深受歡迎。如今，他推出新書《精「英」大學堂——英國升學策略藍圖》，既有教育理念的宏觀探討，也有個別課程的具體細節；既有各國學風的比較，也有英國各區情況的介紹；既有大學指南，也有高中資訊，全面而實用，是升學之路上不可多得的讀物。

升學選擇決定你的「未來」

黃國峻

歐萊雅集團蘭蔻亞太區市場總監

筆者與羽一博士不知不覺已相識逾十六載。他是我在大學時期的啟蒙導師，那時候，羽一博士已鼓勵我們要站在未來，回看現在，預想全球化對我們生活和工作上的影響，為自己的發展訂下方向和綱領。這一席話奠定我今時今日在工作發展上的基礎，也為我在外國生活做了更佳的準備。

我現正身處法國巴黎，在一家知名美妝企業的全球總部從事亞太區的營銷及管理工作。對我來說，能夠跳出大中華、向世界進發，是一個夢寐以求的機會。兩年前的現在，當我收到公司法國總部的邀請，的確有一刻，連我自己也覺得這是純粹幸運的際遇。但後來我才醒覺，這都是因為十多年來一點一滴的積累，最後才順利讓這機會溜進我的人生——我由大學時期做的每個重大決定，包括選科、選工作、選行業、選公司、選地區等等，一切都引導著我現在能夠來到巴黎。更重要的是，我們所有的經歷，構成了我們個人品牌獨一無二的定位和競爭力。我如何定位自己，就會為自己帶來什麼機會。所以，我們不能忽略現在的決定與未來的連結。

隨着科技及通訊的光速發展，未來將是一個世界公民新世代。若希望成為世界公民年代的新領袖，就得好好裝備自己，建立清晰的定位；負笈海外絕對是廣開眼界、擁抱未來的一個絕佳選擇！

作為首屈一指的教育策略家，羽一博士對學業及生涯發展一直以來有着深邃獨到的見解；其新作《精「英」大學堂——英國升學策略藍圖》深入淺出地闡述了歷史悠久的英國教育制度的精粹和升學策略，絕對是打算負笈英倫的學子及家長們的必讀良書！

願你們能夠好好把握在學業及事業生涯的每一個黃金機會。共勉之。

立足新時代 擁抱新世界

自序

面對近年來全球交流日益頻密的新趨勢，「世界公民」（Global Citizens）的概念成為環球教育界的熱話。據統計，新世代的青年領袖大多會在3至5個國家或地區升學及發展其職業生涯。有見及此，羽一的第六本作品——《精「英」大學堂——英國升學策略藍圖》希望從環球教育新趨勢的角度出發，為家長和莘莘學子們的學業和生涯發展上提供更全面的資訊和洞見。

從小到大，面對升學和生涯策劃的問題上，羽一都曾得到不少高人及貴人的提攜和幫助，對此羽一一直都心存萬分感恩。在資訊不太發達的前互聯網時代，那些真知灼見實在是不可多得的寶藏。在過去的十多年來，羽一感恩有幸以老師和學業及生涯顧問的身份，為年輕一輩提供留學建議和諮詢，協助他們進入牛津大學、劍橋大學、倫敦政治經濟學院、倫敦大學學院、倫敦帝國學院、哈佛大學、耶魯大學、普林斯頓大學、史丹福大學、麻省理工學院、加州大學柏克萊分校、加州大學洛杉磯分校等世界頂級名校，廣開國際視野，為成為全球公民及領袖作好準備。

英國有著源遠流長的教育歷史和文化底蘊，一直以來都是香港不少家長和學生留學首選之地。是次新作，羽一以過去的經驗和研究為基礎，希望透過本書協助各位學生找到自己的性格特點，以及擅長的職業領域，做好職業規劃後，再策劃英國的升學路徑以及拓展未來事業的發展方向。

Chapter 1: 決定留學目標的關鍵

在全球公民時代，教育資源的流通，使得留學變得越來越普遍。隨之而來的，便是院校、企業對人才學歷的嚴格要求，因此年輕一輩更應該走出去，掌握國際視野（Global Exposure），方能在全球範圍內的人才競爭中佔得先機。當然，留學可選國家眾多，各擅勝場。此章重點比較英美兩國的教育風格，帶出留學英、美、澳、加四國的獨特優勢，以及各國際課程和考試的設計優劣，助家長和學生找出最適合自己的升學目標。

Chapter 2：英國升學 8 大路線

留學英國，需要好好考慮時機。此章節將為大家介紹最受香港家長歡迎的英國升學 8 大路徑，分別涵蓋小學、中學、大學和研究院的階段，更會藉此解構英國學制，課程和公開試，方便各位家長和學生全面瞭解各留學路徑，從中挑選最適合自己的留學時間。

Chapter 3：英國中學大解構

介紹完 8 大路線，將視角聚焦中學教育。此章節將解構英國中學，從類型和特色談起，再與家長分享選擇學校的工具、經驗和心得。當有了心儀之選，不妨參考入學準備的章節，為孩子進入名校增加勝算。

Chapter 4：探索優質中學校區

該章節為大家總結英格蘭四大優質校區，從地域角度，告訴你在學校之外，那些同樣重要的資訊。譬如房價、周邊基礎設施，職業發展空間等，以便各位家長除了能瞭解一間學校外，也能全方位熟悉一個校區，乃至一座城市。

Chapter 5：邁進英國頂尖大學

英國頂尖大學眾多，此章節特別挑選了 G5 英國超級精英大學（牛津、劍橋、倫敦三大），以及著名的羅素大學集團（Russell Group）、紅磚大學（Red Brick Universities）中的數間名校，為大家作重點介紹。當中包括學術優勢、校風介紹，以及優勢學科推薦。若當中有你的心儀之選，就千萬不要錯過。

Chapter 6：揭開性格密碼 開展職涯規劃

要規劃事業發展，便要選擇一個配合自己性格的行業，我們可以參考「霍爾蘭六邊形測試」，幫助自己準確找到職業興趣，確立人生發展路向。為此，羽一也特別挑選了部分專業學科作重點介紹，包括傳統專業和一些新興的跨學科專業，希望你能從中得到一些啓發，除了應付眼前的升學選擇外，也開展規劃未來的職業生涯。

本書得以順利付梓，羽一得由衷感謝我的家人、恩師、朋友、學生、家長及讀者們的一直以來鼎力支持。羽一更要特別衷心感謝多位良師益友為本書撰序，包括：英國劍橋大學伊曼紐爾學院院長 Dame Fiona Reynolds、灼見名家創辦人及社長文灼非老師、拔萃男書院前校長張灼祥校長、香港中文大學生命科學學院教授陳浩然教授、香港中文大學醫學院助理院長（研究）黃曦醫生、香港中文大學外科學系（榮譽）臨床副教授麥凱鈞教授、羅德學人徐力恆教授、專欄作家盧安迪先生、歐萊雅蘭蔻亞太區市場總監黃國峻先生，把此書推薦給更多讀者。羽一還要特別鳴謝天窗出版集團的團隊同仁，讓羽一得以把那些寶貴的教育資訊、趨勢和洞見跟大家分享。

立足這全球化的新時代，希望大家能在學業及生涯發展上，放眼新時代、擁抱新世界，一同攜手開創燦爛閃亮的精彩人生。願諸君共勉！

羽一
寫於英國劍橋大學伊曼紐爾學院

CHAPTER 1

決定留學目標
的關鍵

成為全球公民
決勝未來

近年，海外留學生的總數連年增長，十分迅猛，此增長正應合「全球公民」（Global Citizens）的現象。要成為「全球公民」，受教育和工作的地方就不再局限於出生地，而是邁向全球。

在全球化的大趨勢下，教育正不斷跨國界流動，可見於不斷攀升的海外留學生數量、學校交換生計劃、高等學院開辦外地分校或課程、以及國際級學術訪問或合作。在人才激烈競爭的情況下，僱主更要求求職者必須有高學歷兼具國際視野（Global Exposure）。對於年輕人來說，要成為掌握國際視野的精英，莫過於留學這一光明大道。

圖表1.1　全球留學生人數持續增長

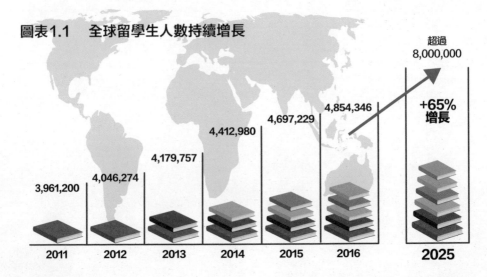

資料來源：英國文化協會及IOH: GMDAC

海外升學3大優勢

圖表1.2　港生選擇海外升學的因素

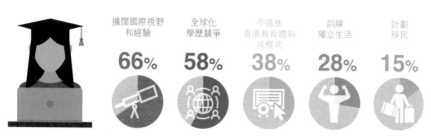

擴闊國際視野和經驗	全球化學歷競爭	不適應香港教育體制或模式	訓練獨立生活	計劃移民
66%	**58%**	**38%**	**28%**	**15%**

資料來源：英倫博士教育 Dr. Britain Education 歸納整理

讓我們具體看看，海外升學的三大誘因：

1. 拓寬個人國際視野

藉海外留學的經歷，與當地人直接交流，無疑是深入瞭解他國文化的最佳方式。掌握良好的跨文化溝通能力，不僅對留學生活大有裨益，更有利於學生提升自我競爭力，更快適應未來全球化的職場環境。

2. 名校提升學歷價值

海外名牌中學及大學的入學競爭相當激烈，皆因其不僅學風優良，而且擁有充足研究和教學資源以及悠久的學術傳統，這些院校聲名顯赫，令畢業生在求職時更容易獲得跨國企業及機構的青睞。在學歷競爭的現實下，同樣是學士學歷，外國頂尖名校出身的求職者較擁有本地一般大專院校學位的更具優勢。

另外，學士畢業後前往海外留學深造，也可提升個人競爭力，更值得一提的是，個別學科在香港本地沒有開辦研究生課程，學生往往需要在海外院校才能獲得深造的機會。

3. 另一種學習模式

對不適應本地學制的學生而言，海外升學提供另一種教育環境和升學途徑。無論是求專求深的英式教育，抑或是求廣求博的美式教育，都更為注重全人發展，更能磨練學生的解難和思考能力，對吃不消本地應試教育的學生而言，或許在這樣的環境下，才能真正解放潛能、發揮所長。

留學海外，走讀或寄宿都對留學生的獨立自主有莫大的裨益。英式寄宿中學紀律嚴格、秉持精英教育理念，專注塑造學生品格。在較為自由的美國院校，留學生同樣需要獨立地解決生活難題。留在本地教育系統學習、在父母無微不至照顧下生活的學生或較難體驗這種磨練。

下定邁向全球、留學海外的決心後，一個新問題就會迎面而來：到底該向哪裡邁進？放眼世界，其實沒有一個最好的國家，沒有一個最好的學校，沒有一個最好的學系，只有最適合的。羽一強調，在選擇留學前，一定要有清晰目標，充分理解個人性格和特質，配合自己的潛能，再按家庭、當地經濟、環境等因素，預早訂出未來留學計劃及職業發展方向，切忌盲目從流。首先應根據個人興趣，思考大學想要攻讀的學系，再想長遠一些，畢業後到底是進修、回港還是留在當地發展。

本書將帶領你一步步瞭解國外的教育情況，以及發掘自己的留學興趣和目標。希望你看過本書後，能夠找到適合自己的留學選擇，成功規劃升學及職業路線，朝著未來精英的目標前進！

教育體系抉擇：
英美模式大不同

目前全球的教育體系主要分「英國模式」(如英國、澳洲)和「美國模式」(如美國、加拿大)，羽一在本節會解讀這兩種教育模式，分析哪項教育模式適合哪一類的學生。

圖表1.3 英、美教育模式比較

教育體系	英(聯邦)	美國
教育理念	全人發展，精英主義	
教育風格	嚴謹(紀律)，培養有禮儀和品格的紳士淑女	開放(創造力)，崇尚自主個性，鼓勵展現自我
教學側重	深度	廣度
考核模式	統一考核	持續評估
職業導向	專才(大學三年制)	通才(大學四年制)
適合學生類型	• 有清晰就業目標 • 專注職業發展 • 計劃朝理科、商科發展	• 富有創意、個性開放、熱衷課外活動 • 語言能力強，以英語為母語或接近母語 • 文科、理科綜合能力平均
適合留學時機	從高小階段開始規劃升讀英國七年級(Year 7)； 初中階段規劃升讀英國寄宿學校	多從初中階段開始規劃，完成初中課程後，銜接美國高中

資料來源：英倫博士教育 Dr. Britain Education 歸納整理

1. 共同教育理念：全人發展、精英主義

不論英式還是美式教育，其共通處在於兩大重點——「全人教育」和「精英主義」。所謂「全人教育」，是在追求優異學術成績的同時，著重培養學生的興趣，鼓勵多元發展。美國學院體育文化濃厚，以體育作為主要課程，藉此培養學生的領導力、解難和合作能力；也舉辦藝術、戲劇、音樂等活動，發掘學生的獨特潛能，提高審美和想像力。這些活動在英國的中小學同樣常見，尤其是在私立學校，有更充足的資源投放於全人教育。

至於「精英主義」，英式教育旨在培養出具有高文化素養的紳士淑女，以學術成績為重的預科學院（Sixth Form Colleges），持續為當地名校輸送頂尖人才。美式教育的精英化，從名校錄取率連年下降可見一斑。可以說，全人發展正正是為精英教育鋪路，只有多方面表現優異的學生，才會獲得名校的青睞。

2. 教育風格：🇬🇧 嚴格 v.s. 🇺🇸 開放

英國教育歷史悠久，各院校以培養紳士淑女為目標，故處處規範學生的行為舉止，注重禮儀（如餐桌禮儀），校規或宿規（如門禁）甚為嚴格。英式教育亦甚為著重校服文化，例如名校伊頓公學（Eton College）便以具有貴族氣息的燕尾服為校服。

相比之下，大部分美國學校不設校服，學生可穿便服上學，校園生活甚為輕鬆愜意，可見美式教育更為開放和自由。美國學校的課程較靈活，學生可自由學習科目，更提供豐富的課外活動讓學生涉獵，以發揮個人的興趣及激發創意。教師甚為重視學生的獨特個性，鼓勵他們展現自我，相信學業成績並不代表學生水平的高低。因此美國大學在錄取學生時，會綜合參考學生各方面特長而決定。

3. 教育重點：🇬🇧深度 v.s. 🇺🇸廣度

英式教育側重於知識的深度，學生早在初高中便定下發展方向，做好職業規劃。在課程內容上，基於英國悠久的歷史，學校十分重視教導學生經典及傳統文化的知識。英國私立公學(Public Schools)的課程除了必修英國文學外，還設古希臘和古羅馬文學、希臘文、古代歷史文化等科目，希望學生藉此熏陶下，重視並繼承文化傳統。

至於美式教育，課程內容則重廣度，美國高校本科的課程設計十分多元，首兩年甚至可以通識教育為主，希望學生涉獵不同學科後，才真正開展專業研習之路。此外，美國還有特色的社區學院(Community Colleges)，注重知識實踐，亦有職業技能的培訓，為學生提供更寬廣的學習途徑。

4. 考核模式：🇬🇧統一 v.s. 🇺🇸持續

英國中學考試採用標準化的模式，如報讀英國私立學校，一般需要應考英國私立學校入學測試，如 ISEB PreTest, UKiset, CAT, CEM Select 等。這些

考試旨在考察海外學生的英語及非語言（如推理、數學、空間思維）能力。到了高中，就需要應考會考（GCSE）和預科（A-Level）兩個公開考試，並以這兩個考試的成績申請入讀英國大學。

而美國中學的考核方式，考試所佔的比重較低，則更重視學生的日常表現，譬如學生出勤率、課堂與課業的表現、隨堂測驗、考試以及論文等，以全方位檢驗學生的學習成果。學生需要跟隨進度，持續完成不同的學習目標，方可取得佳績。

5. 職業導向：🇬🇧專才 v.s. 🇺🇸通才

英式教育著重培養某一領域的專才，即「刺蝟型人才」。學生早在初高中階段就定下未來的發展方向，做好職業規劃。到了學士課程，除了深入鑽研該領域知識外，院校普遍會為學生提供實習機會，以便畢業生能順利就業。

美式教育則旨在培養通才，即「狐狸型人才」。在學士四年制課程，首兩年的課程涵蓋領域相當廣泛，設有豐富的通識類課程，以幫助學生找到感興趣的學科，到了研究生階段，才開始深入鑽研專一學科。至於就業銜接，除了個別工程科系，美國院校甚少為學生就業牽線搭橋。話雖如此，經過通才教育培養出來的學生，職業發展空間更為寬廣。

6. 適合學生類型：🇬🇧目標清晰 v.s. 🇺🇸綜合能力強

英式教育適合個人目標清晰的學生，因為在預科（A-Level）課程時，學校已要求學生確定自己的特長和興趣，妥善選讀科目，以便規劃未來的職業路向。當然，亞洲學生的數理能力較出色，是入讀英國名校的一大優勢，應對理科院校的考核和面試會更為得心應手。

美國高中課程設計文科和理科並重，並考驗學生的綜合能力。除了高中學術能力測驗（The Scholastic Aptitude Test, SAT）之外，選讀美國大學預修課程（Advanced Placement, AP）課程，能幫助學生展現其綜合實力，更大機會獲心儀的大學錄取。校外活動、比賽或組織能力的表現，都是美國院校收生的重要參考指標。富有創意、個性開放、熱衷參與各種課外活動的學生，十分適合美式教育。

這些多元化的英美大學入學試，羽一會在第1.4節詳細解說。

7. 適合留學時機：🇬🇧高小開始v.s.🇺🇸初中開始

就留學時機來說，留英可以比留美提早不少。英國國民（海外）（BNO）新政允許小學生隨同父母申請BNO簽證，並免費入讀英國的公立中小學，為了方便銜接課程，不少家長計劃安排子女在高小階段升讀英國七年級。

至於留學美國，最早且合適的留美時機應在港完成中二課程後，銜接美國高中九年級，再升讀當地大學。這樣做有利於銜接美國學制，在申請美國大學時可以提交完整的高中成績，提升入讀頂尖大學的機會。

1.3

留學國家抉擇：
英美澳加

教育正跨國界流動，全球學生都希望接受最優秀的教育，成為社會精英。根據英國文化協會統計數據，2010至2020年，中國、印度和韓國是最大的留學生輸出國，而四大留學生輸入國按順序為美國、英國、澳洲和加拿大。在下一個十年（至2030年），預計澳洲將成為最高增長的留學輸入國，英國則緊守第二位。英、美、澳、加各具特色，留學不僅要考慮院校的水平和實力，還需考慮院校所在的國家和地區的環境、文化、發展前景等因素，羽一在本節會分析這些熱門留學國家的優勢、特點及花費等。

圖表1.4　留學國家趨勢

排名	海外留學輸出國		海外留學輸入國	
	2020年 總留學人數	2020至2030年 留學人數增幅	2020年 總留學人數	2020至2030年 留學人數增幅
1	🌑 中國	⊙ 印度	🏴 美國	🏴 澳洲
2	⊙ 印度	◗ 尼日利亞	🏴 英國	🏴 英國
3	☯ 韓國	◐ 馬來西亞	🏴 澳洲	🏴 美國
4	▬ 德國	☀ 尼泊爾	🍁 加拿大	🍁 加拿大

資料來源：英國文化協會

英國
精英教育殿堂之選

由於歷史和文化背景影響，再加上近年移民、投資等因素，英國是最受香港學生和家長歡迎的升學國家。英國教育制度完善，升學途徑不少，在不同階段都能容易銜接（將在第2章詳述），英國有超過130所大學、120多所學院和50多所高等院校、500多所教育學院和600多所寄宿學校，其學士、碩士及研究院課程也廣受香港學生歡迎。

1. 英式教育重全人發展

傳統英式教育常被坊間稱為「貴族教育」，但這概念並不用來特指其昂貴的學費，而是褒獎其教育理念。傳統英式教育不僅培養學生的學術水準，更塑造學生的社交能力和氣質。

英國寄宿中學以優秀的學術成績和學生能全人發展，而享負盛名。校內提供完善的住宿設施及膳食，讓學生全身心投入學習、參與學校組織的各類活動和比賽，充分鍛煉學生的獨立能力。學生更有機會學習社交禮儀、茶藝、馬術、高爾夫球等課程，培養個人氣質。不過，不同寄宿學校的校風各有特色，羽一建議學生和家長在選擇寄宿學校時，切勿盲目追求排名，宜實地考察學校文化、環境、師資等因素（將在第3章詳述）。

2. 教育水平領跑全球

英國高中提供眾多專業進修課程，多達3,400個專業，既有教育、藝術設計、社科及理科類傳統學科，亦有商科、金融、經濟等熱門課程，更有冷門

專業如香水管理、滑浪等。而英國的高中A-Level國際課程（IAL）具廣泛認受性，全球以英語授課的大學（如美國部分大學、香港、英國、加拿大、澳洲、新加坡等）大多接受IAL的成績申請入學。IAL課程選擇自由，考試模式人性化，考獲最優等級（A*）的學生比例亦十分高，羽一認為這課程十分適合香港學生銜接，為莘莘學子提供另一升學途徑。

至於英國大學方面，相當重視研究理論，並銳意發展高科技技術，文化藝術學科的學術水平亦處全球頂尖，研究成果聞名於世。英國高等學府在Quacquarelli Symonds（QS）世界排名中表現優異，有18所大學排名全球前100，當中牛津大學建校千年，劍橋大學亦已逾800年歷史，兩校作為世界現代英語大學的頂端，校風嚴謹，擁有良好的教育環境，與美國長春藤大學並駕齊驅。羽一在第5章會再介紹多間英國熱門大學。

3. 大學學制較短

英國學士及碩士修讀時間較其他國家短，學士通常為3年制，碩士則分為授課型碩士（1年制）及研究型碩士（部分為2年制）。此外，由於學制短，學生可盡早就業，性價比甚高。但值得注意的是，這也帶來不易轉換專業的問題，學生入學前需多瞭解自己的專業志向，預早做好職業生涯規劃。羽一會在第6章詳論職業生涯規劃。

4. 脫歐機遇

英國脫歐後，歐盟學生不能再以歐盟成員國身份繳交本地學生費用，需繳付較高昂的海外留學生學費，自然會降低歐盟學生留學英國的意欲，可提高其他地區（如香港）的海外學生獲英國院校取錄的機會。

英國為了應對脫歐及新冠肺炎疫情帶來的新經濟形勢，自2020年9月起，海外留學生持 Tier 4簽證就讀英國院校，均可獲得畢業後工作（Post-study work, PSW）簽證，畢業後即具備英國工作的資格，且期限延長至兩年，均為畢業生留英發展帶來更多機會。

5. 留學費用

擁有BNO身份的港人及其近親自2021年1月起，可申請在英國最長一次過居留5年，期間可以工作或讀書，但不可領取社會福利及援助。在居留5年後，再住滿12個月，就可以申請入籍。合資格學生更可申請免費入讀英國公立中小學。然而，羽一要指出，新政策需要家長移民配合，家長必須放棄香港的工作，機會成本相當高，因此規劃時需慎重考慮。

雖然合資格人士可申請免費入讀英國公立中小學，但私立學校及大學所費不菲，寄宿學校每年學費和生活費平均約30至50萬港元。大學方面，學士學位一般為3年制課程，每年學費和生活費平均約35萬港元；醫科課程一般為5年制，每年學費和生活費平均約50萬港元；授課型碩士課程為1年制，學費和生活費平均約40萬港元；研究型碩士（部分為2年制）及博士生（最少為3年）的每年學費及生活費平均約40萬港元。

圖表1.5　英國留學學費和生活費開支

學校		每年學費（英鎊）	每年學費（港元）#
公立小學		免費*	免費*
公立中學		免費*	免費*
私立日校		£14,000~£17,000	$151,000~$181,000
寄宿學校		£32,000~£45,000	$344,000~$484,000
學士	一般學科	£10,000~£38,000	$108,000~$410,000
	醫科	£10,400~£44,935	$112,000~$484,000
碩士		£15,220~£46,610	$170,000~$506,000
+			
每年生活費		£10,000~£12,000	$108,000~$130,000

*父母需持有BNO簽證；#1英鎊約兑10.8港元（2021年4月匯率）

資料來源：英倫博士教育 Dr. Britain Education 歸納整理

羽一近年輔導的學生案例中，英國留學呈現低齡化趨勢，當中留學生多選擇入讀傳統寄宿學校。羽一認為，在香港教育制度下以英文、理科為主的學生，十分適合留英，英國名校仍以學術成績為主要考核指標，申請亦較為簡單便捷。由於英國教育理念希望培養學生更快找到其專業志向，因此學生和家長在部署英國留學時，切勿忽略最為重要的職業生涯規劃。

 **澳洲**
未來十年樂觀可期

近年澳洲政府致力投入資源研發高新科技，吸引了大量留學生慕名而來，令該國被英國文化協會評定為2020至2030年留學生數量增幅最高的國家。

1. 高中毋須「一試定終身」

澳洲同樣採用英聯邦教育模式，其中新南威爾斯州的中學教育最為出色。香港高中課程容易銜接澳洲學制，而澳洲全國實行高中畢業證書考試制度，亦容易銜接澳洲以及世界名牌大學。不過在澳洲高中學制，平日校內成績和高中公開考試成績同樣納入成績計算，各佔一定比例，避免「一試定終身」的弊端。

2. 移民政策寬鬆

澳洲政府允許留學生在課餘時間打工，每週可做20小時兼職，學生可透過打工補貼生活費用，並藉此累積工作經驗，增加畢業後的就業機會。

澳洲的工作簽證政策寬鬆，在澳洲院校畢業後，可獲2至3年的無條件工作簽證，畢業生可於這兩年找工作、深造，為移民做好準備。澳洲求賢若渴，大學畢業生起薪點頗高，以商科為例，學士畢業生平均起薪點約為每年40,000澳元。同時，澳洲需要大量技術移民，學生可參加「專才計劃」（Professional Plan）移民。

3. 政府推動創新科研產業

澳洲政府注重科研，願景是到了2030年能躋身世界頂尖創新型國家的行列。澳洲的科研和商業應用受世界重視，通過創新科技支撐一批批具國際競

爭力的產業（如醫療及航空業等），澳洲知識密集型服務業的從業人員比例高於美國、日本和韓國。數據顯示，澳洲聯邦科學與工業研究組織的22項研究領域中，有15項（包括製造業、農業、能源、礦物資源、生物安全等研究）排名達到全球首1%。

4. 留學費用相宜

澳洲留學費用相宜，私立寄宿學校或高中的每年學費和生活費平均約25萬港元；學士課程為4年制，每年學費和生活費平均約20至35萬港元；碩士課程一般為兩年制，每年學費和生活費平均約30至40萬港元。

圖表1.6　澳洲留學學費和生活費開支

學校	每年學費（澳元）	每年學費（港元）#
寄宿學校	$15,000~$30,000	$90,000~$180,000
學士	$18,000~$45,000	$108,000~$270,000
碩士	$22,000~$50,000	$132,000~$300,000
+		
每年生活費	$18,000~$24,000	$108,000~$144,000

#1澳元約兌6港元（2021年4月匯率）　　　資料來源：英倫博士教育 Dr. Britain Education 歸納整理

羽一認為，由於英國留學學費不菲，有財務顧慮的學生或家庭，可考慮到同屬英聯邦教育模式的澳洲留學。首先，與英美相同級別名校相比，澳洲院校學費較為相宜；其次，大學畢業生可選擇留澳發展，起薪點較高，而澳洲就業率亦遠高於英美，無疑擁有更多機會。

當然，若選擇留學澳洲，無論是入讀高中或大學，也需要周全的人生規劃，學生也應充分考慮財政情況後，才選擇留學的目的地。

美國
學制靈活 科網實力強

美國是全球最熱門的海外升學國家,擁有全球最多家現代英語大學,根據2020年QS世界大學排名榜,在首100間名校中,美國的大學佔比超過25%,比例為各國最高。由於美國大學招生的其中一項指標是學生種族背景多元化,以吸納全球不同文化背景的精英階層,導致以往被定義為少數族裔的亞裔、華裔學生的數量,發展到現今成為了「多數」,因此背景優勢不再,名牌大學錄取率實在較低,以至近年香港學生申請到美國留學的熱度不斷減退。

1. 靈活學分制 容易轉學

美國的高等院校實行學分制,只要完成必修課程,4年內修滿 120 學分,即達畢業要求,能獲得相應的學位。若提前做好學習規劃,更有可能在2.5至3年內完成學士課程,利用餘下時間取得輔修學位、雙學位甚至是三學位,又或在1年內完成碩士課程。

此外,由於美國大學之間互認學分,轉學方式亦非常靈活,所需文件和申請手續較簡便。羽一認為,學生若在美國留學,應好好善用轉學制,爭取考入更優秀的院校,或是通過輔修、雙學位、提前畢業進行實習等,充實留學生活。

2. 科網巨企雲集矽谷

美國的經濟實力領先世界,掌握眾多行業的話語權,譬如矽谷(Silicon Valley)的高新科技產業和荷里活的娛樂產業等。當中矽谷的高新科技企業

擁有優秀的商業資源，所處的加州有史丹福大學、加州大學和南加州大學等名校，這些院校和企業對數理、工程和STEM（Science, Technology, Engineering and Math）相關人才求賢若渴，若有志於從事相關工作，矽谷是夢寐以求的好地方，既能保證學生可以獲得豐富的專業知識，又能提供實習經驗和就業機會。

3. 中國留學生比例或將減少

在過去10年，中國是美國最大的國際生來源國。根據美國國際教育協會2019年度 "New Open Doors Data"，2018學年，369,548名中國學生在美國高校留學，佔留學生總數33.7%。然而近年因學費增加及入學競爭激烈等因素，令中國留學生比例持續減少，根據新東方《2019中國留學白皮書》，在2019年只有43%中國學生將美國列為留學目標，為5年新低，而留學英國的意向比例已上升至41%。

4. 留學費用較高

美國留學學費較高昂，私立寄宿學校的每年學費和生活費約50萬港元。大學方面，學士學位為4年制課程，受州政府資助的州立大學學費較便宜，每年學費和生活費約30至40萬元，當中包括全球知名的加州州立大、紐約州立大學、賓州州立大學、密西根州立大學等。私立大學學費則較貴，每年學費和生活費約30至50萬元。碩士課程一般為兩年制，學費和生活費每年約40至60萬元。

圖表1.7　美國留學學費和生活費開支

學校		每年學費(美元)	每年學費(港元)#
寄宿學校		$20,000~$50,000	$155,000~$388,000
大學	社區學院	$5,500~$11,000	$42,700~$85,400
	州立大學	$7,100~$29,000	$55,100~$225,000
	私立大學	$41,950~$52,500	$325,000~$407,000
碩士		$41,950~$52,500	$325,000~$407,000
+			
每年生活費		$15,000~$17,000	$116,000~$132,000

#1美元約兌7.8港元(2021年4月匯率)　　　資料來源：英倫博士教育 Dr. Britain Education 歸納整理

羽一認為，美式教育著重培養出懂得獨立思考、且注重人文關懷的學生。美國名校大學既重視學術成績，亦同樣重視分數之外的個人才能，適合擁抱多元文化、嚮往發揮創意、有「特異功能」（在國際比賽如國際奧林匹克比賽贏得獎牌、參與國際藝術演出，或參與學術科研並發表論文）的學生。

羽一提醒，由於美國大學入學的競爭甚為激烈，其教育制度也較獨立，留學生申請需要提前計劃，及早準備相應的公開試（如SAT、ACT、AP）。報考美國學校的所需文件較多，需要特別為每間報考的院校準備資料，羽一建議學生應集中精力報考3至5間學校，不適宜「大包圍」，也應該提前2至3年準備。此外，在娛樂文化盛行的美國，留學生需要抵受各種外界誘惑的影響，因此羽一建議學生在大學學士或研究生階段前往留學，會更為合適。

加拿大
經濟實惠 前往美國之跳板

加拿大和美國同屬北美，教育體系較為接近，相互認受性也較高。該國留學費用相宜，適合多數家庭，學生可以先在加拿大完成學士學位，之後再申請入讀美國大學的研究院。除此之外，該國的中小學體系亦不俗。

1. 中小學無應試教育

加拿大的中小學注重培養學生的實踐能力、批判性思考以及團隊協作能力。加拿大沒有公開試或高考制度，學校評估會涵蓋學生的出席情況、課堂表現、年級測試結果及各類社會活動，而各大學制訂自己的入學標準，會逐一評估學生。

2. 部分大學設帶薪實習

加拿大共有超過100所高等院校開設帶有建教合作計劃（Cooperative Education, Co-op）的帶薪實習項目，學生有機會到與合作企業進行帶薪實習。不得不提，滑鐵盧大學（Waterloo University）的Co-op學生就業率高達97%，堪稱開設Co-op項目院校中的第一。

3. 可規劃留學＋移民

對於有移民打算的學生，近年加拿大工作移民政策利好留學生，對於畢業後想留在加拿大工作、甚至移民的學生，建議計劃留學時，可綜合考慮各省工作機會及移民政策。比如「海洋四省」（新斯科舍（Nova Scotia）、新不倫瑞克（New Brunswick）、愛德華王子島（Prince Edward Island）和紐芬蘭與

拉布拉多（Newfounded and Labrador）的工作移民機會較多，且學位競爭沒有安大略省、卑詩省般激烈。

至於申請碩士課程的理工科學生，在安大略省、卑詩省及曼尼托巴省留學移民更有優勢，因為畢業後毋須工作經驗，也能直接申請移民。事實上，加拿大政府十分歡迎高學歷、有穩定工作且無語言障礙的精英在該國發展，甚至可為其加速移民申請流程。

4. 留學費用相宜

加拿大留學費用相宜，私立中學每年學費和生活費平均約35萬港元；學士學位為4年，每年學費和生活費平均約20至30萬港元；碩士課程一般為兩年制，學費和生活費平均約25至40萬元。

圖表1.8　加拿大留學學費和生活費開支

學校	每年學費（加元）	每年學費（港元）#
中學	$12,000~$65,000	$75,000~$404,000
學士	$6,800~$30,000	$42,000~$187,000
碩士	$15,000~$35,000	$93,000~$218,000
+		
每年生活費	$18,000~$24,000	$112,000~$149,000

#1 加元約兌6.2港元（2021年4月匯率）　　　資料來源：英倫博士教育 Dr. Britain Education 歸納整理

總括而言，加拿大院校的留學費用相比英、美、澳三國來說，最為低廉，院校水平甚高，兼且美加之間有較高的學歷認受度，因此加拿大是一個不錯的留學起點。加拿大的留學生每兩周可以有40小時的打工時間，假期期間更沒有工作時限。畢業生還可以申請工作簽證，部署申請移民，但該國工作環境及生活節奏較為悠閒，若有意回港就業，需要做足心理準備。

大城小鎮　各有特色

留學國家各有特點，至於院校所在的城市，也是影響留學選擇的要素。譬如三藩市、紐約、費城等特大城市的生活開支，要比其他州份或小城市更高。又譬如英國的大城市和小鄉村，生活，以至環境迥然不同。作為英國首都的倫敦，所在大學的金融類專業自然佔優勢地位，畢業後就業機會也更多，是相當熱門的選擇。至於小鄉城鎮中的院校，環境舒適宜居，而位處大學城的院校如牛津和劍橋大學，學術氛圍濃厚，適合從事研究。

至於留學開支是決定留學的國家、院校和時機的一大因素，上文已展示了英、美、澳、加四國的學費及生活開支，可見英美兩國學費較為高昂，如果家庭經濟條件一般，選擇澳洲和加拿大顯然更好。當然，各國各校因地區、專業、公私立學校的不同，學費開支不能一概而論，例如醫學、法律等專業，學習年期更長，學費亦較高，需因應個別情況斟酌。

與此同時，學生或家長也可以多瞭解政府、院校或民間機構的獎學金項目（如香港卓越獎學金計劃，裘槎基金會獎學金等），為海外留學做好充足準備。多瞭解院校的學費開支及獎學金政策，才不會因經濟條件的限制，錯過自己心儀的學校。

1.4

高中課程抉擇：
IAL、IB、AP

高中課程及公開考試是進入大學的入場券，因此在選擇留學時，必先要考慮相關的課程系統及公開試。每個學生都有著不同特質和學習模式，若能選取最合適自己的課程及考核模式，便能在學習和考試上得心應手，更易考入頂尖名牌大學。羽一於下文將深入剖析3大國際主流高中課程及公開試的異同和特點。

IAL考試科目較少 適合「偏理科」學生

英國高考課程（A-Level）是英國學生的大學入學試，而英國亦專門為海外考生開設國際高考課程（International A-Level, 簡稱IAL），世界上幾乎所有用英語授課的大學都接受IAL的成績申請入學，覆蓋超過80%的熱門國家和地區，因此被認為是進入國際一流名校的「敲門磚」，美國部分大學甚至接受以IAL成績轉換學分。IAL課程為期兩年，程度相當於香港舊高中學制的中六和中七，課程有70多門課程，涉及文、理、工、商各學科，一般學生會選擇3至4科修讀。

IAL實行模塊化課程（Modular Course），相當具人性化，學生須於預科兩年分別應考兩次公開考試，為首年的高級補充程度會考（AS-Level）和次年的高級程度會考（A2-Level，佔比較大，約50至60%），成績達標的學生可直接報讀英國大學。IAL考試成績分為 A*、A、B、C、D、E、U六個等級（A*

為最高），國際名校收生標準一般為AAB或以上。

模塊化課程的優勢是，考生可按自身的學習進度靈活安排考試，也可以重考，若第一年AS成績不理想，可以在第二年重考，最後提交最佳的成績，毋須「一試定生死」，考試壓力相對較低；另外，在報考大學時可以提供AS成績，較能準確反映學生能力。

總括而言，IAL適合希望留學英聯邦國家的學生，其在選擇科目上靈活性較高，由於考試科目較少，學生可按照自己興趣和能力，選取3-4門科目作為評核，較為適合理科「偏科型」的學生。課程亦較注重學術深度，學生可以有更多的時間和精力去進修每科知識。相對於西方學生，香港學生在數理化的基礎扎實，而且數理化對英語能力的要求比其他科目為低，較易取得優異的成績。

香港學校如哈羅學校、拔萃女書院等均有開設IAL課程，提前部署自修IAL的香港學生也與日俱增，羽一在往後章節會再詳述IAL的升學路線。

IB文理並重 適合英語為母語學生

國際文憑大學預科課程（International Baccalaureate Diploma Programme, IBDP）自1968年成立後，備受世界各大學認可，稱為「國際大學高考」，其學歷對申請多國大學的學生有利。學生必須在IB認可學校學習IBDP課程。

IB採用類似大學文理學院的通才教育理念，課程在科學、人文、外語、藝術、社會工作等各方面平衡發展，不偏科。課程為期兩年，包括必修科和選修科。必修科包括知識理論（Theory of Knowledge, TOK），學生需要

完成關於「知識」的口頭報告及一篇1600字的論文；拓展論文（Extended Essay），學生須獨立完成研究及撰寫一篇4000字的論文，學生須具備出色的閱讀、理解和寫作基礎；以及在兩年內完成150個小時的「創造、活動與服務」（Creativity, Activity and Service, CAS）活動。

選修科則分為6個領域組別，分別為語言與文學（Studies in language and literature）、第二語言（Language acquisition）、人與社會（Individuals and societies）、科學（Sciences）、數學（Mathematics）、藝術（The arts），學生從6個組別中各挑選1門科目修讀，首5組是必選，而藝術可以換成第二語言／人與社會／科學的科目）。在6個科目中，學生需選擇3至4科為高難度課程（Higher Level, HL），每科授課小時為240小時；其餘2至3科為150授課小時的標準課程（Standard Level, SL）。

圖表1.9 IBDP課程

漢語/英語文學、
漢語/英語語言和文學、
英語文學和表演

英語B、法語、
德語、拉丁語、西班牙語、希臘語

舞蹈、音樂、電影、
戲劇、視覺藝術

第1組 語言與文學

第2組 第二語言

第6組 藝術

知識論文

拓展論文

IBDP課程

第5組 數學

第3組 人與社會

第4組 科學

數學、高等數學、
數學研究

工商管理、經濟、歷史、
國際政治、地理、
哲學、心理學

物理、生物、化學、
計算機科學

*第6組藝術可換成第2、3、4組之一

資料來源：IBDP

IB評核方式包括公開試及校內評核。每科會以1至7分評分，合共6科最高成績為 42 分，再加上知識理論及拓展論文，最高可獲3分，IBDP滿分為45分，國際名牌大學的收生標準一般為40分或以上。

羽一認為，相比IAL，IB學習模式更全面考核學生的文理綜合水平，期間著重訓練批判思維，側重培養學生跨學科思考的能力，接近大學學習模式。IB課程量大，進度快，學生每天需要投入大量時間才能完成作業和項目，要求學生學習能力強、做事有條理、善於規劃學習時間。由於IB要求學生大量閱讀和需要寫作論文，因此學生本身須具備優秀的英語能力，對於英文達至母語水平（Native Level）的學生較有優勢。

SAT/ACT+AP 適合資優生

若高中學生計劃報讀美國大學，一定會知道高中學術能力考試（Scholastic Assessment Test, SAT）和美國大學入學考試（American College Testing, ACT）。SAT 分為 SAT I 推理測驗（Reasoning Test）及 SAT II 專項測驗（Subject Tests），ACT 則將推理測驗結合專項測驗。兩個考試的考核內容和方向大致相同，但側重點有異，SAT 著重考核推理和語言能力，更適合擁有高考試技巧的學生，ACT 側重於學以致用，適合能靈活運用知識的學生。羽一特別提醒，由於 SAT 和 ACT 與香港的學習和考試模式有較大差別，一般香港學生較難適應和銜接，尤其在英文考試中，所須掌握詞彙量和文法難度甚高，建議學生及早準備。

然而，對於申請美國名校而言，在 SAT 或 ACT 考獲高分只是入場券，為展示出眾的學術能力，學生一般還需要學習美國大學預修課程（Advanced Placement, AP）。AP 是在美國高中授課的大學先修課程，目的是給優秀學生提前學習，挑戰自己的學術水平，之後更可轉換成大學課程學分，因此其程度比一般高中課程更深入和艱深。

AP 設 22 個類別共 37 門學科，對考試科目的數量沒設限制，但也不是愈多愈好，關鍵是要與大學所選專業有聯繫。例如學生想就讀理工系，只需學習 4 至 6 門的理工科 AP；如想就讀商科，則需要考核 4 至 6 門商科和理工科組合的 AP。AP 採取 5 分制（5 分為最高），頂尖大學一般要求 4 分或 5 分。

羽一認為，考核 AP 是讓學生展示已有大學學習的能力和水準，所以一般考 4 至 6 門學科，雖然難度甚高，但在報考美國名牌大學時，一般會採用以下考試組合：（1）SAT + AP 或（2）ACT + AP，以提高申請成功率。

圖表 1.10 三大主流高中課程對比

	IAL	IBDP	AP
學制	2年	2年	2-3年
能否自行修讀及報考	可以	不可以，必須在IB學校修讀課程	可以
單科課程難度	較難	較難（HL） 較簡單（SL）	最難
考核模式	公開考試	持續考核（學校評估約佔25%-50%，公開考試約佔50%-75%）	公開考試
考試科目	3-4科	3門必修科+6門選修科	4-6科
整體難度	較易	較難	最難
考獲最高等級比例	A*：約前8.3% A等級以上：約前26.3%	HL 7分：約前7.7% HL 6分或以上：約前29%	考獲5分的比例較低
名校一般錄取要求	AAB或以上	42分或以上	4至6門考獲4分或以上
留學方向	英聯邦國家為主	全球認受性較高	美國為主
課程優點	有利於學生發展專業	培養學生綜合能力	可轉換大學課程學分，節省留學費用
適合學生類型	有清晰職業生涯規劃目標，在理科、商科有優勢的學生	文科、理科綜合能力強的學生	有清晰職業生涯規劃目標，SAT/ACT已考取高分，學術能力出眾，能超前學習大學內容的「學霸」

資料來源：英倫博士教育 Dr. Britain Education 歸納整理

綜觀三大國際課程，IAL、IB和AP三大課程體系各有特點，並無好壞優劣之分。羽一建議學生應根據自己的實際情況、未來的升學計劃及職業生涯方向，選擇適合自己的高中課程體系，開展璀璨的學業及人生路！

英國升學
8 大路線

鋪墊升學路
5大考量

英國升學優勢獨特，特別適合香港或亞洲學生銜接。然而，英國留學路線眾多，在規劃英國升學時，家長與學生應特別詢問自己以下數個問題：

1. 家庭收入足夠負擔留學費用嗎？

家庭的經濟條件是留學的關鍵因素，尤其是英國的學費及生活費較其他國家高昂，例如，若孩子在高小或初中階段前往英國留學，家庭需要負擔一筆長期且昂貴的開支，單是入讀寄宿學校，每年學費和生活費需要40至50萬港元。羽一認為家庭應清楚計算所能承受的留學預算，選擇合適的留學時機和路線。如果經濟條件不充裕，更應慎重考慮留學時機，否則中途用盡「銀彈」，便得不償失、追悔莫及了。

如果想讓孩子有更好的發展，但預算有限，可以選擇延後留學時機，例如考慮轉至本港開設 IAL 的國際學校修讀或自修 IAL，至高中畢業後才赴英升讀大學，而大學平均每年學費及生活費約需35萬港元。英國的授課型碩士也甚具性價比，其入學門檻不算太高，其一年制課程亦節省時間和金錢。

2. 其他家庭成員的規劃如何？

除了經濟條件，家庭因素也影響留學時機。譬如家中有親屬定居英國，申請

英國簽證的流程會更加順暢，亦方便照顧留學的孩子，若經濟情況亦允許，可提早規劃英國升學。

此外，考慮孩子留學時機時，還應同步考慮其他家庭成員的情況，如果孩子是獨生子女，選擇最適合自己的留學時機就可以了；但如果孩子有兄弟姊妹，尤其當他們的年齡差距較大，便需妥善考慮各家庭成員的留學、工作安排，這時需要權衡利害，作出最適合的抉擇。當然，每個家庭各有特殊情況需考慮，未可一概而論。

3. 僅留學，還是移民？

留學選擇也與移民考量密切相關。擁有BNO身份的港人由2021年1月起可攜同家屬申請在英國最長居留5年，期間可以工作或讀書，之後再住滿12個月便可申請入籍。父母其中一方可以BNO持有人身份，帶孩子赴英讀書，申請免費入讀英國公立中小學（State Schools），另一方則留港工作，以俗稱「太空人」的方式移居英國。但值得注意的是，新政策需要舉家移民配合，代價甚高，也要對承受政策變動有心理準備，因此需慎重考慮。

如果家長計劃留港，希望孩子透過留學獲取英國永久居留權，則應在初中階段規劃留學事宜，從而符合英國移民政策連續合法居住至少10年的基本要求，最普遍是8年讀書和2年工作的「8+2」形式，也可按不同規劃，選擇5年讀書和5年工作的「5+5」形式。

4. 孩子適合英國文化嗎？

為子女計劃留學，家長也需從孩子的角度考慮，選擇最適合他們成長的路線。如想提升孩子的英文能力，或脫離香港的應試教育模式，可以儘早規劃留英，在發展語言能力的關鍵階段沈浸在英文語境中。但家長也應充分考慮孩子是否想遠赴英國，接受英國文化的濡染——倘若子女性格較內向，可能不太適合英國寄宿生活。家長為孩子規劃留學時，眼光宜放長遠的同時，亦不要忽略孩子的個人想法。

5. 留學後有什麼職業規劃？

考慮留學事宜，未必只局限在求學階段，未來的職業生涯規劃亦相當重要。畢業之後選擇回港，還是留在英國發展？會否報讀授課型碩士，以提升個人競爭力？家長可按孩子的志向、在校成績，以及校方提供的就業相關資源，協助孩子規劃未來的職業發展路向。

留學英國的時間跨度相當大，各家庭應因應不同維度的考量，幫助孩子選擇合適的留學時機。但無論是經濟預算、移民選擇、家庭成員因素，抑或是學生發展與職業生涯規劃，都需慎重處理並盡早規劃。羽一在之後的章節，會結合輔導眾多留學生的經驗，詳細分析留學英國的8大路線，以供家長為孩子預備升學時間表。

解構
英國精英學制

英國學制自成體系，較香港複雜，除蘇格蘭外，英格蘭、北愛爾蘭和威爾斯的教育學制相同，羽一在本書會主要解說英格蘭教育制度。

英國跟香港一樣是六年小學（Year 1 至 Year 6），不過英國學生約在 5 歲起入讀 Year 1，比香港學生早一年。

中學方面，英國採用七年制（Year 7 至 Year 13），比香港學生多讀一年，Year 7 至 Year 9 為初中，Year 10 和 Year 11 需要學習會考課程，準備參與英國中學畢業文憑考試（General Certificate of Secondary Education, GCSE）。Year 12 和 Year 13 則學習高考課程，預備應考英國大學入學考試（GCE A-Level）。

一般而言，英國學生會於 18 歲入讀大學，與香港學生一樣。英國大學的學士（榮譽）學位課程一般為三年制（蘇格蘭為四年制），特殊範疇如工程學為四年制、醫科則為五或六年制。若就讀三年制英國大學學士課程，學生於 21 歲畢業，比在香港讀學士學位早一年畢業。

碩士課程則分為授課型碩士與研究型碩士，前者為一年制，後者普遍是兩年制。

圖表2.1　英格蘭學制與香港學制對比

香港學制			英國學制		
年齡	課程		課程		年齡
21		大四	Year 3		20
20	大學	大三	Year 2	大學	19
19		大二	Year 1		18
18		大一	Year 13		17
17		中六	Year 12	高考課程	16
16	高中	中五	Year 11		15
15		中四	Year 10	會考課程	14
14		中三	Year 9		13
13	初中	中二	Year 8	初中	12
12		中一	Year 7		11
11		小六	Year 6		10
10		小五	Year 5		9
9		小四	Year 4		8
8	小學	小三	Year 3	小學	7
7		小二	Year 2		6
6		小一	Year 1		5

資料來源：英倫博士教育 Dr. Britain Education 歸納整理

Year 1-9 課外活動多多

年齡	年級	階段
13-14	Year 9	初中 Key Stage 3
12-13	Year 8	
11-12	Year 7	
10-11	Year 6	小學 Key Stage 2
9-10	Year 5	
8-9	Year 4	
7-8	Year 3	
6-7	Year 2	小學 Key Stage 1
5-6	Year 1	
4-5	小學預備班(Reception)	

資料來源：英倫博士教育 Dr. Britain Education 歸納整理

英國學制中，Year 1 至 Year 9 為小學至初中的階段，可對應香港學制的小一至中三。香港學生一般都可順利升讀英國小學、初中的相應班級，入學門檻不高。Year 1-2 為 Key Stage 1，Year 3-6 為 Key Stage 2，完成 Year 6 後，一般會應考 11+ 考試，並進入初中階段，進入 Year 7-9 的 Key Stage 3。在小學至初中階段，英國學校最重視低年級同學在學術以外的表現，如音樂、體育、課外活動等。

英國中小學生　經常轉校

英國的中小學生因家長轉工、搬屋等原因，會不時轉校，都要經歷大小考試。除此之外，如果想成為精英分子，就要經歷私立學校和公立文法學校（Grammar School）舉辦的 7+、11+、13+ 等入學考試，向躋身頂尖大學的目標進發。這些考試難度不低，羽一在第 3 章會解說如何準備這些考試。

Year 10-11 備考 GCSE

年齡	年級	階段
15-16	Year 11	GCSE
14-15	Year 10	

到達 Year 10 至 Year 11 的階段，學生需學習為期兩年的 GCSE 課程，對應香港的中四和中五，相當於香港舊學制的中學會考（Hong Kong Certificate of Education Examination, HKCEE），香港中三學生普遍可以自然銜接此課程。考獲 GCSE 證書的學生可以在英國繼續升讀高考課程（A-Level）、國際文憑課程（IB Diploma）或大學基礎課程（Foundation Programme）等。

部份英國寄宿學校和私立大專院校會開設一年制會考課程（Fast Track GCSE），共三個學期，學生亦可選擇延長至四或五個學期。由於課程時間比兩年制的會考課程為短，適合香港正在就讀或已完成中四的學生報讀。課程於每年一月和四月開課，安排較為彈性。

約 25% 以上考生可獲 7 至 9 級

GCSE 考試評分採等級制，由最高 9 級至最低 1 級，4 級以上為合格，達 7 級以上為優異。考生於 GCSE 取得 8 級或 9 級，等同於英國舊制會考的 A*、7 級則等同於舊制的 A。相比起香港考試，GCSE 考試範圍更廣，但難度較低，較易考獲高分——平均每科約 25% 以上的學生考獲 7 至 9 級，令學生更易建立學習自信。

GCSE成績是升讀A-Level課程的基礎，也是大學招生時的參考指標。學生一般最少有8門學科的GCSE成績才能申請升讀A-Level，部分學校十分著重學生的英語和數學水準，成績需達到4至9級，才可入讀A-Level。

非英國學生可報考IGCSE

此外，英國亦於本土以外地方開設國際高中會考課程（International GCSE, IGCSE），學歷等同於GCSE。IGCSE課程在世界多個國家都能修讀，由於考試具有廣泛認受性，近年愈來愈多海外學生為升學英國預科而報考該試，香港學生也可以透過香港考評局報名參加。

IGCSE課程和GCSE的課程內容相近，不過只需修讀一年時間。GCSE會將學生的日常成績計入考量，而IGCSE則100%透過考試評估。

Year 12-13 高中課程選擇多

年齡	年級	階段
17-18	Year 13	· **GCE A-Level或**
16-17	Year 12	· **IB Diploma或** · **Cambridge Pre-U**

英國學生通過Year 11的GCSE後，會進入高中課程。要留意的是，一般英國私立學校會舉辦16+考試來錄取高中學生，每間學校自行出卷，考試內容一般基於GCSE及AS-Level的大綱而定。

大部分學生會升讀預科的高考課程（GCE A-Level），課程為期兩年，相當於香港舊高中學制的中六和中七。與香港不同，HKDSE由香港考評局統一負責出卷，而英國A-Level課程的教學大綱、課程設計及考試，則有4個主要考試局負責組織：劍橋大學國際考試局（CIE）、愛德思（EDEXCEL）、OCR和AQA。不同的考試局，各有不同的課程和考試。

A-Level科目包括英國文學、數學、物理、生物、化學、歷史、經濟、中文、法文、西班牙文、音樂、心理學等，學生一般會從中選擇3至4科修讀。學生在A-Level第二年參加一次公開考試，一試定生死，成績從最佳至差，分為A*、A、B、C、D、E六個等級。此外，英國亦開設國際高考課程（International A-Level, IAL），課程模式與A-Level不同，IAL屬模塊化課程（Modular Course），考生須於兩年應考兩次公開試，毋須一試定生死。

Pre-U可與A-Level併讀

除了A-Level外，劍橋大學國際考試局於2008年推出Cambridge Pre-U高中畢業資歷證書（簡稱Pre-U），供英國學生選讀。Pre-U內容與A-Level相

似，但更深入，必修科目為全球視野（Global Perspectives）和獨立研究報告（Independent Research Project），另加3至4門選修科目，訓練學生的學術研究技能、獨立思考和解難能力。該資歷可取代A-Level，也可以按情況與A-Level合併學習，如兩科Pre-U加一科A-Level，以合併的成績報讀英國的大學。

Pre-U同樣為一試定生死，成績分為卓越（Distinction）、優良（Merit）及合格（Pass），每一級再細分1、2、3級，以D1為最高等級，報讀大學時轉換UCAS的得分比A-Level的A＊更高。由於其課程的學術水平嚴謹，多間頂尖大學（如牛津大學、劍橋大學、羅素大學集團、美國的常春藤盟校等）皆認可其資歷。

較少公立學校提供IB課程

A-Level和IB課程可謂各有千秋，然而英國主流的教育考試制度仍然是根深蒂固的GCE（GCSE及GCE A-Level），英國學生由初中至Year 11為止，都是學習GCSE會考課程，預科才銜接IB課程，甚少IB學校提供「一條龍」的學習模式。英國的IB學校亦為數不多，目前全英國只有130多所私立IB學校，如牛津聖克萊爾學院（St Clare's Oxford）、七橡樹中學（Sevenoaks School）、威靈頓學院（Wellington College）等；公立IB學校則只有50多所，如羅切斯特文法學校（The Rochester Grammar School）、湯布里奇文法學校（Tonbridge Grammar School）和達特福德文法學校（Dartford Grammar School）等。

值得注意的是，大部份在香港讀IB課程的學生，會選擇英文為語言與文學的科目，中文為第二語言；然而，英國只有數家公立IB學校開辦中文科為第二語言，故此，缺乏第二歐洲語言（如西班牙語或法語）成為香港學生入讀英國公立IB學校的最大阻礙──只有英文能力達母語或近母語水平，且修讀其他歐洲語言作為第二語言的學生才有更佳的入學優勢。

英國大學 多提供工作實習

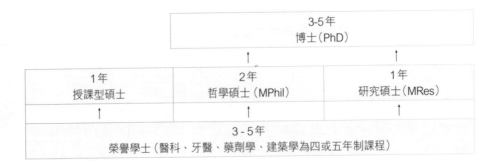

	3-5年 博士(PhD)	
1年 授課型碩士	2年 哲學碩士 (MPhil)	1年 研究碩士 (MRes)
3 - 5年 榮譽學士(醫科、牙醫、藥劑學、建築學為四或五年制課程)		

英格蘭、威爾斯和北愛爾蘭的榮譽學士(Bachelor's Degree)課程一般為三年制，但個別專業學科如醫科、牙醫、藥劑學、建築學等，則是四年或五年制。部分大學還會提供「廠校交替課程」(Sandwich Course，又稱「三明治課程」)，學生須於課程最後一年前往相關機構實習一年，方可回校畢業。

部分學校設「1年+3年」碩博士學位

至於英國大學的碩士課程，則分為授課型碩士(Taught Masters)及研究型碩士(MPhil or MRes)。授課型碩士(Taught Masters)尤其適合準備或已就業的人士，可憑藉碩士學歷為自己事業加分。課程一般為一年制，涵蓋了不同的學科範疇，包括文學、理學、工商管理、化學、教育、法學、工程、藝術及音樂等。授課型碩士以課堂授課為主，輔以研討會、講座、項目實驗等，學生需提交碩士論文及參加畢業考試，方可取得學位。

研究型碩士則適合計劃走學術路的學生，與授課型碩士相比，學習方式更為獨立，學生會在導師指導下對某項課題進行專門研究，課程專門為培養研究

人才而設，是銜接哲學博士的較佳路徑。研究型碩士分為哲學碩士（Master of Philosophy, MPhil）與研究碩士（Master of Research, MRes），MPhil 一般修讀兩年，期間學生須完成專業研究、論文和答辯，被視作升讀博士的預備班，甚至可直接銜接博士課程（Doctor of Philosophy, PhD）；MRes 多為工科和理科的研究碩士課程，學制通常為一年，部分學校會將 MRes 和 PhD 結合為「1 年＋3 年」的綜合學位（Integrated Degree），兩者獨立但課程關係緊密。

蘇格蘭學制自成一隅

蘇格蘭的學制與英國其他地區不同，為小學七年制、中學六年制、大學四年制。蘇格蘭的小學學制雖然比香港多出一年，但入學年齡更早，一般為四至五歲，所以完成小學課程的時間相若。到了中學階段，蘇格蘭中學的學生可於中三至中六分階段參加由蘇格蘭學歷管理委員會（SQA）舉辦的公開試 SCE（Scottish Certificate of Education），所考取的成績可換算成 UCAS 的分數，以申請入讀英國大學。至於蘇格蘭的大學榮譽學士課程則是四年制，完成首三年課程即可取得普通學士銜（Ordinary Degree），完成第四年課程可獲榮譽學士銜（Honours Degree）。雖然學制不一，不過當地仍提供了多元升學途徑，可與香港學制銜接。

英國升學
8大路線

據過往輔導眾多學生的經驗,羽一總結出英國升學的8大路線,並建議學生及家長應如何及早規劃和準備。

圖表2.2　英國升學8大路線

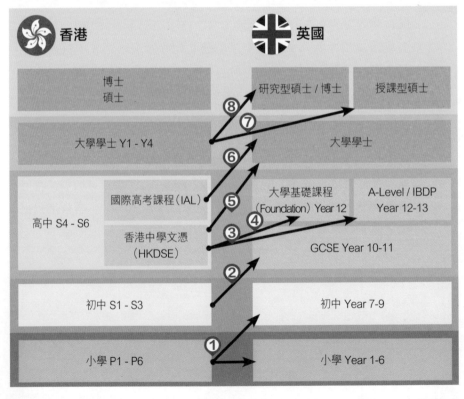

資料來源:英倫博士教育 Dr. Britain Education 歸納整理

路線① 小學階段升讀英國 Year 5 / 7

圖表2.3　英國升學路線(1)

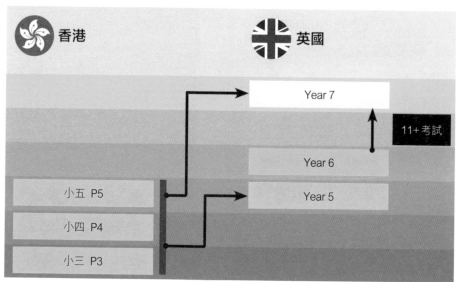

資料來源：英倫博士教育 Dr. Britain Education 歸納整理

英國實施BNO新政，BNO持有人子女可免費入讀英國公立中小學，為英國留學規劃帶來又一新路線。雖然免費入讀英國優質公立學校相當吸引，但獲得入學資格和錄取的過程困難重重，而且「免費」並不等於「沒有任何費用」，羽一將在下一章詳述英國公立學校的實際情況。

小二小三須開始準備11+考試

羽一認為，如果想入讀優質的英國公立中學，尤其是文法學校（Grammar

School），學生在香港修讀小三後升讀英國小學Year 5最為理想，以Year 5作為緩衝適應當地的學制。學生可在Year 6上學期參加重點中學的「11+ 入學考試」，在此試獲優異成績（居前20%）方可有機會入讀文法學校。該試一般分為英文、數學、語言及非語言的邏輯思維四個範疇，由於香港學生對英國考核模式較為陌生，所以應及早在小二、小三開始準備。另外，文法學校看重學生的全面發展，也是錄取條件之一。

除了公立學校外，小五或小六畢業升讀英國私立學校Year 7也是另一熱門選擇。此時入學競爭不算激烈，名牌私立學校在招生要求上也相對寬鬆，如果學生能力突出，更可跳班入讀Year 8。

家長在選擇公立或私立學校時，要留意，私立學校的學費一定比由政府資助的公立學校來得昂貴。但是，英國私立學校的成績普遍領先於公立學校（文法學校除外），因此公立的文法學校和名牌私立學校的入學申請同樣困難。另外也要留意師生比例，私立學校實行小班教學，大約是1：9；而公立學校和香港學校的師生比例相若，約1：30。

羽一博士小貼士

英國小學著重課外表現

在小學階段，英國院校尤重學生在學術成績以外的表現，因此各類運動、活動的選擇相當豐富。如孩子入讀寄宿小學，對他們適應精英教育、養成自主學習習慣有很大的幫助。不過由於孩子年紀輕輕就要遠赴英國獨立生活，這選擇並不易做，家長做決定前需要瞭解孩子的真實想法。

先入讀私立學校
再計劃轉學公立學校

Johnny是小五學生，其父母因為英國推行BNO新政，想要移民英國，並讓Johnny接受當地的免費公立教育。但是在欠缺長遠計劃的情況下，Johnny在學制銜接上遇到問題。

首先，英國學生五歲開始讀小學課程，而香港是六歲開始，學習進度雖然沒有太大影響，但是公立學校要求較高的英文能力。以往香港家長普遍重視英文閱讀和聽力，學生水準並不算差，然而論辭彙量，則難以與英語為母語的英國人相比。其實要學好一門語言，需要長時間的語言環境薰陶，不像其他術科，能夠在短時間內靠操練提升。如果本身英文能力薄弱，就很難過關。

其次，入讀公立學校需要不少文件，例如英國真實的居住地址、水電證明等，所以香港家長必須先定居，後擇校，不能反其道而行。

更重要的是，羽一曾提到，小三留學最為理想，但是Johnny是小五生，已經錯過了小學階段留學的理想時機，現時想入讀公立中學Year 7，優質文法中學的入學門檻已經變高（11+考試成績須達到前20%，再加上文法中學只有5%至6%的錄取率）。

如果遇上類似的情況，羽一建議可以暫時選讀私立學校，這些學校學位充足，方便插班，對英文的要求亦不算高，適合香港學生。如此適應一年作為過渡，之後便可以再轉學，入讀更好的公立學校。而且有就讀英國學校的經歷，也更受當地學校的認可，尤其是在公立學校入學競爭激烈的當下，會更加保險。

路線②
初中階段升讀英國 Year 10

圖表2.4　英國升學路線（2）

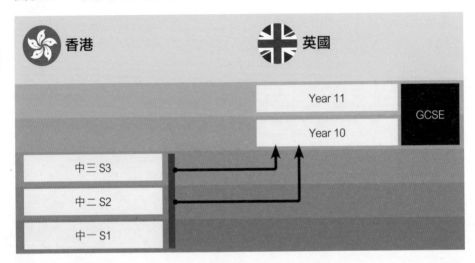

資料來源：英倫博士教育 Dr. Britain Education 歸納整理

第二個主要路線是在香港讀完中二或中三後，銜接英國 Year 10 學習 GCSE 課程。羽一認為，這階段的孩子逐漸獨立，可以憑藉自己的雙眼看世界，體會英國悠久的歷史底蘊，接受當地文化的薰陶。

GCSE同步發展學術與課外活動

學生可在 GCSE 課程中選擇自己有興趣的8至10科修讀，還有充裕時間參與課外活動，可讓他們找到興趣和發展潛能。對於不擅長香港應試教育的學生來說，在 GCSE 課程中能有多元化發展，是個不錯的選擇。當然，家長在選擇這條路線前，應提前評估子女是否具備獨立能力，能否懂得照料自己。

在選擇中學時，學術成績是其中一樣重要的考量，家長可以參考學校GCSE和A-Level的成績。英國公立中學在GCSE取得7至9級的比例約22%，在A-Level取得A*/A的比例約25%；而私立中學在GCSE取得7-9分和在A-Level取得A*/A的比例分別約74%及46%，遠比公立中學優勝。

羽一博士小貼士

宜提前預備Key Stage 3科學知識

學生要留意香港與英國初中課程內容的差異，英國教學大綱尤其在科學科目（物理、化學、生物）較為廣泛，進度也相對較快。若有意循此路線留學，應該提前準備英國Key Stage 3（Year 7-9）教學內容。當然，也有因為學習進度超前，而在完成中二後跳班入讀Year 10成功的例子，可作參考案例。

英式啟發教育 更有學習動力

學生分享

Leo就讀於一家新界區的地區名校，他決心踏足航天科技工程領域，進入劍橋大學或帝國理工學院讀書，更是他的奮鬥目標。

為了實現夢想，Leo早在中四時便學習GCSE課程，計劃未來在英國升學，然而他因為英文而感覺學業困難重重。不過，為了提升英文水平，Leo並沒有如一般非以英語為母語的香港學生選擇英文Second Language課程（英語語言），而是選擇挑戰自己，報考難度較大的First Language課程（英語語言或英語文學）。他自中五開始陸續應考GCSE學科考試，雖然英文科最終只考獲6分，但他的數理和邏輯學科發揮出色，足以彌補劣勢。

在備戰、應考和學習的過程中，Leo深受啓發。當走出香港，視野更加開闊，也真正瞭解自己的優勢和劣勢。例如香港學生英文能力稍遜，但數理科的基礎又相當堅實。而在教育理念方面，Leo認為英國注重啓發教育，讓學生思考與討論較多，而香港則比較看重考試。他深感留在香港，自己難有學習動力，因此才有前往英國追尋夢想的念頭。

私立學校 設英文強化班

學生分享

Candice在中一時，哥哥已經前往英國就讀中四Year 10，當時Candice也希望父母為自己規劃留學，將來能考入劍橋大學做科學研究，實現成為科學家的理想。

香港初中學生想要入讀英國私立中學，需要具備良好的英文、數學和邏輯思維能力。若直接報讀英國高中，學校要求更高的英文能力，且學生要準備各學科考試，難度相當高，所以規劃留學宜在初中階段開始，相對而言，進入名校的機會更多，也是更為輕鬆的選擇。

在父母和老師的幫助下，Candice在六個月內集中操練數學和推理能力，以預備UKiset考試和學校面試。不過英文對她而言，始終是最大挑戰。最後Candice的英文成績為6分，並不算高，幸好她的數學和邏輯思維考試表現優異，獲得數間學校青睞，最終她選擇了一間頂尖的私立女校。

回望在英國的讀書經歷，Candice認為自己成長頗多，有感英國的功課壓力沒有香港大，而教育上注重培養資料搜集、思維分析的習慣，是其一大優勢。同時學校也會因材施教，如有英文強化班，以照顧英文能力較弱的學生。至於數學，香港的教學確實比英國程度更深，倒毋須擔心。

羽一提醒家長，香港學生普遍不是以英語為母語，英文能力在英國並不優勝。所以尤其是從中文小學轉入英國學校，語言環境截然不同，更需要較長時間去適應。雖然多數私立學校會因應香港學生的情況，考慮整體成績，但各位家長不應鬆懈，最好提前讓孩子在英文環境中薰陶。

路線③
高中階段升讀英國 Year 12

圖表2.5　英國升學路線（3）

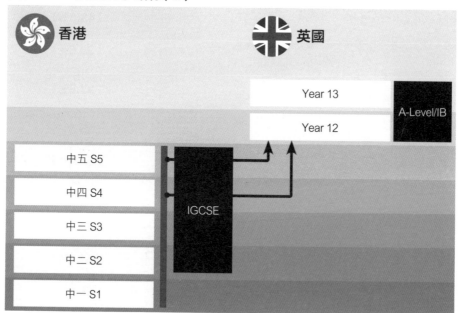

資料來源：英倫博士教育 Dr. Britain Education 歸納整理

香港學生亦可以選擇完成中四、中五後，升讀英國預科書院（Sixth Form Colleges）的 Year 12，學習 A-Level 或 IB 課程及參與考核。此路線備香港學生歡迎，因為 A-Level 及 IB 考試獲全球大學院校廣泛認可，學生可以考試成績報讀英國或其他海外院校，即使最後選擇回港升學，也可採用非聯招（Non-JUPAS）方式銜接。香港三大的「神科」也不乏錄取參加 A-Level 或 IB 考試的考生，醫科、環球商業管理等學系的錄取比例甚高。

圖表2.6　港大、中大之非聯招學生比例甚高的課程（2017/2018）

	課程	院校	全部本地生總計	聯招生	持有非本地學歷的本地生 （佔本地生總數的百分比）
1	工商管理學士（國際貿易與中國企業）	中大	13	7 （53.8%）	**6** （**46.2%**）
2	工商管理學士（國際商業及環球管理）	港大	23	13 （56.5%）	**10** （**43.5%**）
3	內外全科醫學士	中大	233	131 （56.2%）	**92** （**39.5%**）
4	工商管理學士（工商管理學士綜合課程）及法律博士雙學位課程	中大	16	10 （62.5%）	**6** （**37.5%**）
5	生物醫學學士	港大	38	24 （63.2%）	**14** （**36.8%**）
6	法學士	中大	69	45 （65.2%）	**24** （**34.8%**）
7	建築社會科學學士	中大	35	21 （60.0%）	**12** （**34.3%**）
8	建築學文學士	港大	44	29 （65.9%）	**15** （**34.1%**）
9	生物醫學理學士	中大	29	20 （69.0%）	**9** （**31.0%**）
10	法學士	港大	93	66 （71.0%）	**27** （**29.0%**）
11	藥劑學學士	港大	30	22 （73.3%）	**8** （**26.7%**）
12	內外全科醫學士	港大	229	169 （73.8%）	**57** （**24.9%**）
13	公共衛生理學士	中大	35	20 （57.1%）	**8** （**22.9%**）
14	牙醫學士	港大	71	55 （77.5%）	**16** （**22.5%**）

資料來源：香港立法會

羽一博士小貼士

宜初中起備考 IGCSE

若申請入讀英國 Year 12，學生需面對最激烈的名牌預科學府競爭。學生除了需要有亮麗的成績表和個人檔案（Portfolio）外，亦需參加學校安排的選拔性入學試及面試。由於預科學院的入學試主要以 GCSE 課程為基礎，而由於 GCSE 與 HKDSE 課程並不一樣，加上 HKDSE 在理科（物理、化學、生物）的學習進度較慢，香港學生要在短期內準備入學試，難度可想而知。

到報讀英國大學時，若學生選修 A-Level，由於只有一次公開考試（A-Level 第二年）的成績，亦不可重考，一般大學招生主任會要求提供 GCSE 成績及學校預測成績（Predicted Grades）作參考，以評估學生水平。若學生未有參加 GCSE 課程，較難獲得面試機會或有條件錄取（Conditional Offers），尤其是競爭激烈的熱門大學及專業。因此，近年愈來愈多學生會在香港會在初中階段及早準備 IGCSE 考試，以提升競爭力。

羽一鼓勵學生及早規劃和準備留學事宜，根據以往眾多考取名校的學生經驗來看，他們在中二、中三時已經開始準備 IGCSE，學生可以依照選科，參與不同專人補習課程，坊間亦有專業顧問提供應考準備的意見。

A-Level
適合「考試型學生」

Andrew就讀於香港一家國際學校，以考入劍橋大學工程學系為目標。他本身計劃循IGCSE課程銜接IB，再報考大學，其後考慮到A-Level課程適合「考試型學生」，認為自己在A-Level發揮會較佳，於是決定前往英國，在英國的預科書院學習A-Level課程。羽一提醒同學，IB課程注重平日習作和論文表現等，而A-Level則看重考試發揮。

Andrew報考英國預科書院後，已有數間頂尖學院有意錄取，他最終選擇了一間能兼顧學習和課外活動的學校，在保證學業成績的同時，亦能拓寬眼界，享受學校生活。羽一提醒家長，英國部分預科書院極其重視考試成績，亦有部分學校相對重視全人發展、開展大量課外活動，因應學校位置、設施、學術需要和個人發展等因素，在選擇學校前應考察清楚。

英國課程設計
跨學科知識互通

學生分享

Benton就讀香港一間頂尖的傳統男校,他希望將來可以做醫生。升上高中後,Benton只讀了半年HKDSE課程,在充分認識英國學制和升學細節之後,他決定前往英國讀書,升讀A-Level課程,再銜接當地大學。

就讀A-Level課程的兩年間,Benton確立了向醫學領域進發之路,開始學習撰寫論文、勤讀課外書,並且準備醫學院入學試。他認為英國教育以全人發展取勝,學生可以參與豐富的課外活動。在學術方面,學生的批判性思維得到培養,這與自己的學習模式不謀而合。另外,英國教育更追求知識的廣度,而香港教育注重深度。Benton以生物科為例,指出GCSE的生物科涵蓋人類、動物和植物數個分支,而HKDSE課程只集中在Human Biology。相比之下,英國的課程內容更有利學生進行跨學科學習和聯想。

經過一番努力,Benton最終憑藉4A*的優異成績,再通過英國大學臨床能力測試(University Clinical Aptitude Test, UCAT)和面試等的考驗後,成功考入劍橋大學醫學系,終於能在醫學領域正式啓程。

路線④
以HKDSE成績升讀英國大學基礎課程

圖表2.7 英國升學路線（4）

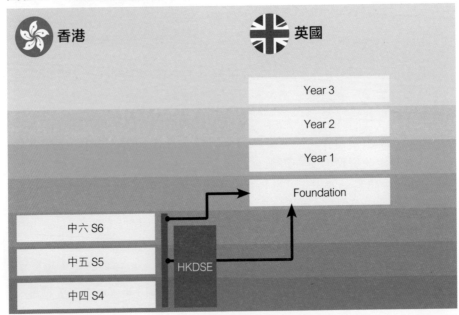

資料來源：英倫博士教育 Dr. Britain Education 歸納整理

如果同學在HKDSE表現欠佳，或本地大學沒有開辦想報讀的課程，可以選擇報讀英國的一年制大學基礎課程（Foundation Programmes），再銜接當地大學。

大學基礎課程作為大學學士課程的預備班，主要分為兩類。一類是與個別大學聯繫的 University Foundation Programmes（UFP），成績達標者即可升讀其聯繫大學的一年級，升學的成功率有所保證，但入學的要求也較高。英

國首 30 家著名大學中，約三分之二有開辦 UFP，例如學生如果修畢由倫敦大學開辦的課程，成績及表現達標，即保證獲倫敦大學取錄學士課程，又或以課程成績報讀其他英國頂尖大學。不過，英國頂尖大學（如劍橋大學、牛津大學）和大學的醫學院大多不會開辦 UFP。如果學生的目標不是最頂尖的大學或學系，這也是一個理想的升學途徑。

可升讀聯繫大學 或循UCAS報考其他大學

另一類是由獨立院校提供的 International Foundation Programmes（IFP），一般入學要求較低，但由於沒有聯繫大學，所以未能保證可以直接升學。畢業生可經UCAS 申請入讀英國大學。

一般而言，大學基礎課程授課內容包括Core Module 及 Subject Specific Module 兩大類。當中Core Module 涵蓋Academic English Skills 及 Project and Research Skills，而Subject Specific Module 則為學生所選擇的科目而定。在英國，Year 13 的畢業生即使未獲大學錄取，亦可以通過修讀該課程以銜接升讀大學。而在香港，只要是通過DSE 考核的畢業生，亦可選讀此課程以銜接英國大學。

大學文憑課程可銜接二年級

此外，英國部分大學開辦一年制的大學文憑課程（International Diplomas），類似香港的副學士，程度相當於英國大學一年級，畢業生可直接升讀二年級，此課程可提供另一途徑，甚至毋須多花時間，即可追上同屆同學的進度。要留意，大學文憑課程對英語能力的入學要求比基礎課程為高。

香港的副學士和高級文憑畢業生還可以選擇報讀銜接學士課程（Top-up Degrees），成績良好的學生一般可直升大學二年級，甚至可以銜接最後一年，部分大學會豁免學分，為有意升讀英國大學的留學生打開另一途徑。

羽一博士小貼士

大學基礎課程學歷認受性低

大學基礎課程是針對指定英國大學的特定學科而設，以商業模式運作，故質素參差不齊，亦難以保證能夠升讀學士課程。此外，部分大學基礎課程學歷在外基本上沒有認受性，以此學歷回流香港升讀大學的機會較低。同學宜作好打算，謹慎選擇學校和學科。

除了要慎選合辦的教育機構，還可以考慮以下數點。首先是升學率，同學應選擇有較高原校升學率的基礎課程；其次是未來發展的方向，同學應報讀符合自己發展方向的學科；另外也需留意升學要求，應好好衡量自己的能力，選擇自己能力所及的課程。

教學模式
與大學課程相同

Mary 的 HKDSE 成績不甚理想,雖然獲本地大學錄取,但並非是她心儀的學系,她不甘心止步於此。由於 Mary 出身自香港名牌英文中學,英文能力不俗,IELTS 考獲 8 分,於是她將目光轉向英國,決定透過一年制的大學基礎課程銜接杜倫大學(Durham University)的通用工程學系。

Mary 認為,入讀大學基礎課程頗有壓力,由於該課程與大學教學模式相同,實驗室操作、專題研究,以至論文等都不能馬虎,幸好得到老師的輔導和指引,她成功達標,順利銜接大學一年級。

羽一最想表達的是,努力拼搏的重要性。Mary 雖然在 HKDSE 考試失利,但是依然可以循另一途徑前往海外升讀大學,甚至進入英國綜合排名前五的名校。只要找到適合自己的路徑,總有機會可以實現夢想。

路線⑤
以HKDSE成績升讀英國大學

圖表2.8 英國升學路線(5)

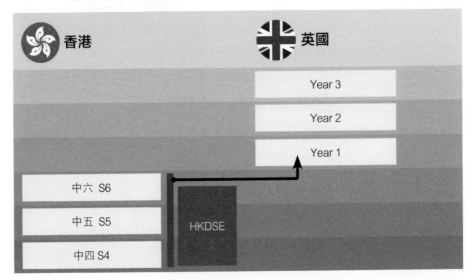

資料來源:英倫博士教育 Dr. Britain Education 歸納整理

香港高中學生也可選擇應考本地的中學文憑試(HKDSE),將成績換算成「英國版JUPAS」——英國大學及院校聯招系統(The Universities and Colleges Admission Service, UCAS)分數,再申請英國大學。這個途徑十分適合在HKDSE學制下發揮出色的學生,他們毋須準備及應考A-Level,成本與風險較低,亦可同時以聯招(JUPAS)方式申請本地院校。

UCAS涵蓋英國大部分大學及高等教育院校的全日制本科課程、部分預科課程、國家高等教育文憑課程(HND)以及高等教育文憑(DipHE)課程。學生可於每年9月中旬至翌年6月30日在網上系統申請,不過要留意各院校課程的申請截止日期,如牛津、劍橋大學,或醫科、牙醫及獸醫科目較早截止

申請，其他科目的截止日期則較後。愈早申請，確認學位，便能愈早安排宿位，且更有機會獲得早鳥獎學金，所以提前做好準備總是最好。

UCAS最多報考5間大學

UCAS的申請機會只有一次，且最多只能選擇5所院校（不分次序，建議選擇同一學科），在申請時必須遞交一份最多4,000字元（Characters）（約600字）的個人陳述（Personal Statement），説明自己的升學目標和個人潛力。其後，大學一般會發放「有條件取錄」（Conditional Offers），同學需要達到入學條件才能正式獲錄取。如果最終皆不獲錄取，則可額外再選一所院校（Extra Choice）。

但羽一認為，HKDSE考試也有劣勢——較難考取高分。雖然在同樣等級下，HKDSE的成績能比A-Level和IBDP換成較高的UCAS分數，但考獲最高等級5**的HKDSE考生只有最高 1.3%，相比之下英國A-Level採「拉Curve」的模式，考獲最高等級A* 的比例高達8.3%，因此以A-Level成績申請名牌學府或熱門學科，其競爭力自然比HKDSE考生更強（羽一會在下一路線詳述以自修IAL課程為突破點）。

圖表2.9 UCAS成績換算

HKDSE等級	A-Level等級	IBDP等級	UCAS對照分數
5**	A*	H7	56
5*	-	-	52
5	A	H6	48
-	-	-	44
-	B	-	40
-	-	-	36
4	C	H5	32
-	-	-	28
-	D	H4	24
-	-	-	20
3	E	-	16

資料來源：英國大學及院校招生事務處（UCAS）- 香港考試及評核局

選修數學M1/M2 升學之路更廣

千萬要留意,以HKDSE換算成UCAS分數,只適用於甲類科目,中文及通識科目一般不計算在內,且學生如果沒有應考數學延伸部分(M1/M2),HKDSE核心數學科分數轉換會減半,意味著將失去入讀大部分英國大學的數學、工程、科學及商業等專業的資格!

羽一建議學生在中四選科時,盡可能選擇M1/M2,為日後升學選擇專業打開廣闊之門。若然學生錯失了選修M1/M2的機會,自修IAL數學科便是最後的「救生船」,即以IAL數學科成績替代HKDSE的核心數學科。因為IAL數學考試為模塊化形式——「打散」為6份試卷考核,還有重考的機會,降低了一試定生死的壓力(下一路線將詳述此點),適合對數學科信心不足的學生。在羽一輔導的學生中,也不乏能兼顧HKDSE並同時應對IAL數學科的成功例子。

圖表2.10 HKDSE 數學科成績及UCAS換算

核心科目及甲類選修科目(數學科除外)	數學必修部分	數學延伸部分(M1/M2)	UCAS對照分數
5**	-	-	56
5*	-	-	52
5	-	-	48
4	-	-	32
-	5**	5**	28
-	5*	5*	26
-	5	5	24
3	4	4	16
-	3	3	8

資料來源:英國大學及院校招生事務處(UCAS)- 香港考試及評核局

同時申請
香港大學+倫敦國王學院

Peter是香港一間傳統名校的學生,他的夢想是成為律師,幫助解決社會問題,彰顯社會公義。雖然Peter有意前往海外升學,但又未能完全下定決心,所以保險起見,選擇參加HKDSE考試。他亦同時報考了香港大學法律系,和英國倫敦國王學院(King's College London)法律系。

Peter本身在HKDSE修讀生物、化學、經濟和數學延伸單元,他最後取得生物、化學和經濟三科5*的好成績。而考慮到英國是普通法系的起源地,Peter最終決定前往英國升學。

雖然以HKDSE成績報讀英國大學,都屬於升學路徑之一,不過羽一始終建議家長和學生謹慎選擇。因為HKDSE分數經過轉換後,會出現「縮水」情況。此外,HKDSE比A-Level更難考取高分。雖然大致上HKDSE的Level 5略等同於A-Level的A級,然而每年或只有10%考生可在HKDSE中考獲Level 5,而取得A-Level A級的卻有20%。倒不如儘早規劃升學事宜,如果有意留學,直接循當地學制報考大學,考入心儀學校的機會無疑更大。

路線⑥
自修IAL課程 升讀英國大學

圖表2.11　英國升學路線（6）

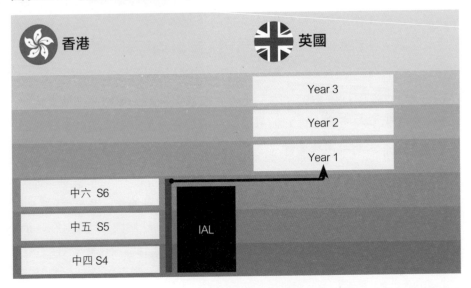

資料來源：英倫博士教育 Dr. Britain Education 歸納整理

英國寄宿中學每年使費約40至50萬港元，很多香港家庭未必有能力負擔，而留在香港接受針對性的學業輔導，報考HKDSE之外，再修讀及應考IAL（A-Level國際課程）報讀心儀英國大學，成為了近年香港家長和學生計劃升讀英國大學的選擇。

IAL 課程的全球認可度高、科目選擇自由，學生可以選擇3或4科作考核科目，其中理科組合如「數學＋物理＋化學＋生物」、「數學＋進階數學＋物理＋化學」，以及理科商科組合「數學＋經濟＋商業」較受香港學生歡迎。此外，

IAL 考試採用模組化考試，學生可以興趣和能力選擇不同的模組（即考試被「打散」為不同單元組合），如考核成績不理想，更可以重考單元，提交最佳成績。

此外，IAL 成績較易取得優異等級，「性價比」較高，根據數據，IAL 平均每一科目考獲 A* 等級以上 8.3%，A 等級以上超過 25%，對比香港中學文憑試（HKDSE），考獲 5* 等級以上為 5.1%，5** 等級以上只有 1.3%，因此考 IAL 較容易拿取高分。

圖表 2.12　HKDSE 與 IAL 考試的成績分佈對比

HKDSE		IAL	
等級	考生百分比累計	等級	考生百分比累計
5**	1.3%	A*	8.3%
5* 或以上	5.1%	A 或以上	26.3%
5 或以上	12.6%	B 或以上	53.1%
4 或以上	35.6%	C 或以上	77.4%
3 或以上	61.3%	D 或以上	92%

資料來源：香港考試及評核局、英國 Joint Council for Qualifications

羽一博士小貼士

IAL 數學課程可自由選擇

圖表2.13 IAL 數學課程

課題	內容	單元
純數學 （Pure Maths）	代數、解析幾何、三角、微積分、函數與圖像、數列等，四個單元考核內容有所不同，P1至P4的難度由淺入深。	P1 P2 P3 P4
進階純數學 （Further Pure Maths）	適合數學理科能力較高的學生，學習內容包括複數、級數、微分方程、矩陣、雙曲函數、進階向量等。	FP1 FP2 FP3
力學數學 （Mechanics）	注重學生的物理、運動學和力學分析能力，內容包括運動學、力學、向量、彈性、圓周運動等。若學生沒選修GCSE或HKDSE物理科目，應提前準備。	M1 M2 M3
統計 （Statistics）	重點內容包括：機率、相關、線性回歸、正態分佈、泊鬆及二項分佈、假設檢定。	S1 S2 S3
決策數學 （Decision Mathematics）	屬最生活化的應用數學系列，只有一個單元（D1），其重點內容包括演算法、郵遞員問題、關鍵路徑法、線性規劃和博弈論。	D1

資料來源：英倫博士教育 Dr. Britain Education 歸納整理

羽一建議，IAL考生應選讀自己有優勢的科目，以香港學生較強的數學科為例，數學科分為五大模塊——純數學（Pure Maths）、進階純數學（Further Pure Maths）、力學數學（Mechanics）、統計（Statistics）及決策數學（Decision Mathematics），學生可從中選擇6個單元報考，例如P1, P2, P3, P4 + M1, S1，若修讀進階數學，大部分學生會選擇FP1, FP2為必修，再從M、S、D中選擇四個單元學習。要留意，如

果選擇數學和進階純數學兩個課題，就一共需要考12個單元（數學和進階純數學選修單元不可重複）。

IAL 考試採用模組化考試，學生可以根據學習進度，靈活安排考試進度和單元組合，還可自由選擇考核時間（IAL每年舉行兩次考試）和單元，若成績不夠理想，更可以重考單元，最後提交最優單元成績組合，作為最終成績。IAL 和 HKDSE 的理科科目的課程內容有近70%重疊，所以愈來愈多香港理科學生在中四開始規劃，同時應考兩個公開試。

學生分享

HKDSE+IAL 雙管齊下
考驗個人能力

Helen 早在中二時便有前往英國讀工程的規劃，目標明確。在老師的輔導下，她自初中起一邊學習香港學制，一邊自修IGCSE課程。中三時的IGCSE考試，Helen 考獲 6A* 及 2A，成績不錯。

然而想要更進一步，實現自己的讀工程夢想，還需要在個別學科繼續深造。升上 IAL 階段的 Helen 繼續同時學習 HKDSE 課程和自修 IAL 課程，在 IAL 選擇了數學、物理和生物三科選修科。Helen 最終取得了 2A* 及 2A 的好成績，隨後獲得數間院校取錄，選擇了帝國理工學院的工程學系，可謂實現了一直以來的目標。由於當時正值中六上學期，自然毋須應考 DSE 公開試。

羽一提醒大家，同時修讀 HKDSE 和自修 IAL 需要做好平衡，亦應預留時間和預算找專業老師輔導。Helen 的做法極度挑戰其個人能力，一定要有明確求學目標，否則 HKDSE 和 IAL 兩頭不到岸，反而得不償失。

路線⑦ 升讀英國授課型碩士

圖表2.14 英國升學路線(7)

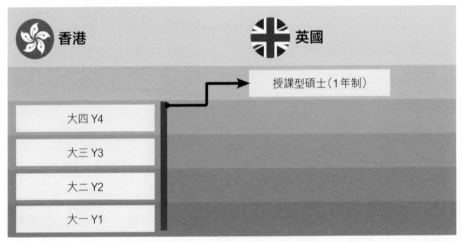

香港　英國

授課型碩士(1年制)

大四 Y4
大三 Y3
大二 Y2
大一 Y1

資料來源：英倫博士教育 Dr. Britain Education 歸納整理

在學歷膨脹的就業形勢下，碩士畢業生求職者可謂比比皆是，對於還未有機會出國留學的學士生來說，畢業後報讀英國一年制授課型碩士，也是甚為吸引的選項。

由於英國授課型碩士修讀時間短，費用(一年約30至40萬港元)較低，提供了相對實惠的海外交流機會，甚受學生和家長歡迎。在入學要求方面，授課型碩士課程較研究型碩士更易申請，不過仍會看重學生的成績和在校表現，部分學科或需要具備與專業相關的工作經驗。至於英語能力，各所院校要求不同，基本上須達到IELTS 6.5分或以上，若語言成績未達標準，可申請報讀語言課程以銜接。

羽一博士小貼士

二級甲等榮譽 申請名校碩士入場券

「3+1」模式——即三年學士 + 一年碩士，是學歷水平的新趨勢，因此學生在學士階段應該提高 GPA 成績，以二級甲等榮譽 (Upper-second Class Honours) 或以上水平畢業，方可在取得之後申請名校碩士的「入場券」。

如果同學的成績未達至二級甲等或以上，在申請碩士時，或需考慮選擇其他等級的大學，或是先累積數年工作經驗，再報讀碩士課程。因此羽一認為，盡力讀好學士課程、考取好成績是最有效益的。

英國留學經驗
獲僱主加分

Henry以二級甲等榮譽的成績於本地三大的工商管理學系畢業，畢業後一直希望從事與數碼媒體諮詢（Digital Consultancy）相關的工作，但自覺憑藉學士學歷，在現今職場上未必有足夠的優勢，於是有意增值自己，之後再戰職場。

Henry的英文能力不錯，IELTS考獲8分，加之自己對英國升學目標堅定，終於有所回報。在多間院校的錄取資格中，Henry選擇了帝國理工學院的管理學碩士（Master of Science in International Business Management）。該課程培養學生全方位對管理學的相關知識，並提供實習機會，譬如Henry就在一家快速消費品（FMCG）企業從事數碼營銷工作，收穫寶貴的海外工作經歷。

報讀碩士以實現自我增值，往往能夠拓寬職業發展道路。Henry回港後在一間香港企業從事市場營銷，後來獲上海一家頂級數碼媒體諮詢企業青睞，正因他有英國留學經驗。踏足英國、香港和內地的開闊視野，以及熟練的兩文三語，也讓Henry比其他求職者更具優勢。所以只要規劃得當，目標堅定，相信一張碩士文憑會成為職業發展路上的巨大助力。

路線⑧
升讀英國MPhil/ PhD

圖表2.15 英國升學路線（8）

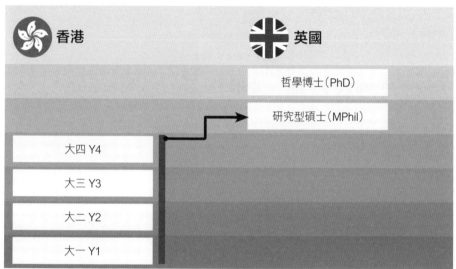
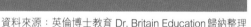

資料來源：英倫博士教育 Dr. Britain Education 歸納整理

若以從事學術研究的方向發展，學生可報讀研究型碩士（MPhil or MRes）或哲學博士（Doctor of Philosophy, PhD），研究型碩士是專門為培養研究人才，銜接哲學博士的較佳路徑。若想報讀英國研究型碩士或博士課程，最著名的學府為包括牛津大學、劍橋大學和倫敦大學學院等羅素大學集團（The Russell Group），當中倫敦大學學院更是各學科都得以全面發展的綜合研究型大學。

選擇行學術之路，確立清晰的研究方向非常關鍵，一方面你需要選擇論文導師（Supervisor），另一方面，如果沒有明確的研究方向，學術生涯將會漫無

目的、浪費光陰。在入學要求上，研究型碩士或博士亦看重學生過往的研究成果或相關經驗，事先需要與目標院校的導師溝通，並提交推薦信和研究計劃書等資料，以證明自己的研究能力和讓學系瞭解你的研究興趣。

羽一博士小貼士

英國大學PhD　要求 IELTS 7.5至8.5分

海外院校的PhD一般要求申請者展示自己的英文運用能力，英文能力是首要條件，一般來說，英國的PhD課程（牛津大學慣用DPhil），對海外學生的雅思成績要求約7.5至8.5分。當然亦不能忽略GPA成績，學士以一級榮譽（First Class Honours）或二級甲等（Upper-second Class Honours）（英國及香港學制）、GPA 3.7以上（美國學制）的畢業要求是相當普遍的。

院校導師也會重點留意申請者在研究方面的相關經驗和技能。譬如報讀碩士課程，學位論文的質量，就是重中之重。至於研究計劃書，則是報讀碩博課程都必不可少的。

而最重要的，是需要明確自己是否真的打算投身學術研究，而非一時衝動的決定。學生應提前請教教授、學長姐或是專業生涯啟導顧問，繼而為自己物色合適的院校，包括瞭解相關院校的學術強項和教授研究專長，找到院校中貼合學生自身興趣的研究方向及相應導師（Potential Supervisor）。如果你希望得到心儀研究院導師的指導，最好事先利用郵件聯絡，提供自己的研究計劃，瞭解對方的指導意向。若能得到肯定的答覆，再申請入學，便可以增加取錄機會。

走學術路
需妥善規劃

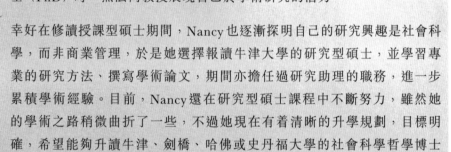

Nancy的學士學位為會計專業，畢業後，她對學術研究產生興趣，有意走學者之路，所以決定繼續升學，並摸索升讀碩士與博士課程的學術之路。

經過一段時間的努力，Nancy考上了香港一個著名大學商業管理專業的授課型碩士。然而當年考慮報讀碩士時，她沒有瞭解清楚日後升讀博士的路徑，因為該碩士課程沒有畢業論文（Thesis），所以Nancy在報考哲學博士（PhD）時，無法向教授展現自己於學術研究的潛力。

幸好在修讀授課型碩士期間，Nancy也逐漸探明自己的研究興趣是社會科學，而非商業管理，於是她選擇報讀牛津大學的研究型碩士，並學習專業的研究方法、撰寫學術論文，期間亦擔任過研究助理的職務，進一步累積學術經驗。目前，Nancy還在研究型碩士課程中不斷努力，雖然她的學術之路稍微曲折了一些，不過她現在有着清晰的升學規劃，目標明確，希望能夠升讀牛津、劍橋、哈佛或史丹福大學的社會科學哲學博士課程，相信她只要一步一腳印，終會實現這個夢想。

CHAPTER
3

英國中學
大解構

3.1

英國中學
4大優勢

英國優質的中學教育廣受推崇，名牌公立、私立寄宿學校憑藉其優秀的教學吸引眾多的家長和學子。羽一在此章節介紹前往英國就讀中學的四大優勢：

1. 在純正英文語境中學習

於中學階段留學英國是學習英語的絕佳機會，無論是參與師生討論，抑或是與室友溝通，都能鍛煉正統英語和地道發音，相信學生在短時間內便能練就優秀的英語表達能力。部分學校還提供法語、德語或拉丁語等供學生選修，有興趣或有語言天份的學生能夠多學一門語言，將來更能適應在多語種國家工作和生活。

此外，香港學生素來害怕發問，甚少主動分享個人觀點，而英國教育恰恰重視訓練批判性思維（Critical thinking），鼓勵學生發問及勇於表達意見。身在英國，面對不同文化的碰撞，學生更培養出強大適應性和文化包容性，並在理解、融入各國文化的過程中發現自身優勢與不足，當以後面對人生眾多選擇時，也懂得結合自己留學多年來所養成的多元價值觀，發揮所長。

2. 全人教育 才德兼備

英國學校的選修科令學生校園生活更添色彩。當中藝術、音樂、體育等科目

眾多，譬如體育選修科就設有足球、桌球和欖球（Rugby）等，反映出英國濃厚的體育氛圍。宿舍也經常舉辦音樂或體育活動，假期又會安排短途旅行或野外露營等，不論是上課日抑或週末，學生日程都被安排得十分充實，以此提升學生的綜合素質。

當然，寓教於樂的同時，學校亦有嚴厲的一面——寄宿學校尤其重視宿舍紀律，學生須遵守時間表，例如要求學生晚上10點前就寢、限定自由活動時間（禁止使用手機）等。學校亦會安排專責老師跟進每一個學生的學習和課外活動表現，有助磨練學生品格，學生變得獨立自主的同時，亦擁有卓越的社交能力。

3. 訂清晰目標 及早規劃職業生涯

擁有清晰個人目標的學生，羽一十分建議他們入讀英國中學，因為學校真正因材施教，學生可根據興趣和特長選修不同課程。在初中階段，學生修讀Key Stage及GCSE課程，一般有8-12項科目可供選擇，學生可找到興趣

所在，開始為自己訂立未來的發展方向。因英國初中以廣泛涉獵不同學科為主，考試難度不高，在GCSE考試中，約25%學生可考獲A級或以上成績（7-9分），學生也從中建立學習自信。

到Year 12，學生需確定專業發展路向，深度學習3至4門科目，迎接考核難度劇增的英國高考（A-Level）。值得注意的是，由於A-Level與GCSE考試難度差距較大，學生在A-Level須慎重選科，必須充分考慮兩個課程的銜接程度，以及自己的能力。

4. 自由學習　惟需積極自律

英國不少中學的假期總日數高達160日，包括聖誕節、復活節、暑假等長假，加上學期中休假、女王生辰假等短假。有家長笑言：「一年真正上堂的時間只約半年，學費是否應該交一半？」

有別於亞洲地區的「應試式」教育，英國教育重視批判性思考，老師充當引路人的角色，僅指引大方向，鼓勵學生自行探索知識，學生需透過合理懷疑、搜集資料、自主分析等過程，最後得出對事物的個人見解。這種學習模式看似自由，實則講求自律。不少優秀學生都會善用假期，提前學習，並為公開試預留充足的操練時間。

以上便是羽一所總結的前往英國就讀中學的四大優勢和特點。當然，各式各樣的公立、私立寄宿中學風格各異，故此家長不妨深入瞭解多間學校，再依據子女的性格、興趣和特長，作出合適的選擇，相信在英國中學學習的經歷，不僅會給孩子留下眾多難忘時光，更會在將來的某個時刻，幫助他們實現人生理想。

公立學校
v.s. 私立學校

明白英國中學的優勢後，下一步我們就要挑選英國中學，但英國中學類別繁多，往往教人看得一頭霧水。例如坊間經常混淆公立學校（State Schools）和公學（Public Schools），公立學校是政府資助、毋須學費的學校；公學其實是提供精英教育的私立學校，例如伊頓公學（Eton College）屬著名的貴族學校，其"Public"的意思指面向所有人招生。羽一於下文解説不同學校類型，以及適合哪類學生入讀。

為免大家混淆，這節先説説公立學校和私立學校。英國有超過20,000所公立學校（當中約16,700所公立小學以及3,400所公立中學），由政府或地方政府出資資助，學費全免（寄宿公立學校會收取較低廉的寄宿費）。BNO 持有人的子女可獲得免費入讀公立學校的權利。相比之下，英國約有2,300所私立學校，佔全國學校7%，定位較精英化，學生多來自「精英階級」，學費亦不菲，每年學費平均約15至35萬港元。

雖然公立學校在學校規模、學生人數上都遠勝私立學校，公立學校當中也不乏頂尖名校，培養出來的尖子也可進入英國名牌大學。

5 類公立學校

英國的公立學校還可以細分為綜合制（Comprehensive）和精英制（Selective），當中綜合制學校有公辦民營學校（Academy Schools）、自由學校（Free Schools）、宗教學校（Faith Schools）、社區學校（Community Schools）等，而精英制學校為文法學校（Grammar Schools）。

公辦民營學校 教學自由度高

目前全英國有四分之一小學及大部分中學屬於公辦民營學校，公辦民營學校由非牟利辦學團體（Not-for-profit Academy Trusts）成立，由國家教育部資助，但不受地區教育局管轄，類似香港的津貼中學。當中公辦民營學校又包括了 Sponsored Academies（為取代以往表現稍遜的學校而建立）和 Converter Academies（大多是辦學成功典範，為了享有學術和校政自主權而變身），其特色是擁有較高的教學彈性和自由度，可自行決定學期的長短及假期日數。

在教學課程上，核心科目仍需按照「全國教學大綱」指引，但校方可以因應學生需要，自行設計選修科的教學內容和模式，和採取新穎的教學方法，提升學生表現。但由於缺乏了統一的教學標準，公辦民營學校的水準參差，評價呈兩極化。

自由學校 多不設入學考試

自由學校也是由國家政府資助的非牟利學校，不受地方政府管轄。學校在聘請教職員、學期長度、上課時間，以至制訂課程大綱上，均高度自主。由於自由學校的辦學宗旨在給予社區學生平等教育機會，秉持「有教無類」的原則，所以絕大部分自由學校不設收生限制，沒有入學試選拔，成績可以非常參差。

宗教學校 優先取錄相同信仰學生

宗教學校也是由國家政府資助的非牟利學校，是有宗教背景的學校，學校大致依據「全國教學大綱」制訂課程內容，但可以自行開設宗教科。宗教學校以基督教為主，天主教為次，也有猶太教、穆斯林等宗教背景的學校，其中基督教學校最受歡迎，因其辦學規模龐大，學生的學術表現出色。

這些學校有自行的收生程序，任何人都可以申請宗教學校，但學校一般會優先考慮取錄信奉相同宗教的學生，在有剩餘學額的情況下，就會供就近居住的學生申請。

社區學校　以校網區收生

社區學校同樣由國家教育部直接資助，不過由地區教育部門執掌，負責聘用教職員、學校收生、校舍營運，類似香港的官立中學。在課程上，也必須跟隨「全國教學大綱」制訂課程內容。

社區學校是當下英國公立學校的主流，以社區為單位，優先錄取居住距離較近的學生。

文法學校　採精英制教學

文法學校採用精英制教學，全英國只有百多間文法學校，佔全國3,400多間公立中學的4-5%，其定位與香港傳統的名牌官立學校相近，口碑極佳，兩位英國女首相 ——戴卓爾夫人（Margaret Thatcher）及文翠珊（Theresa May）均自文法學校畢業。倫敦、肯特郡（Kent）及伯明翰（Birmingham）是全英國有較多文法學校的地區，而威爾斯和蘇格蘭則沒有文法學校。

自16世紀，文法學校已在英國出現，其「文法」之名源於當時以古典語言為教學重心。發展至今，文法學校仍保持傳統教學的管理方法，收生嚴謹，入學競爭相當激烈，會透過11+入學試招收尖子，而其學生在公開試中大都表現出色。

羽一提醒，文法學校的校名不一定有"Grammar School"，而學校名稱內有"Grammar School"的，也不一定是文法中學，例如位於倫敦西南部的Kingston Grammar School和曼徹斯特的Manchester Grammar School，均是私立學校。

圖表3.1　英國公立中學5大類型

類型	綜合性				精英制
	公辦民營學校 ACADEMY SCHOOL	**自由學校** FREE SCHOOL	**宗教學校** FAITH SCHOOL	**社區學校** COMMUNITY SCHOOL	**文法學校** GRAMMAR SCHOOL
特點	由國家教育部直接資助，但又獨立於地區管治的學校	由國家政府資助的非牟利小學和中學，學校治理及教學上均享極多自由	有宗教背景的學校	為英國當下公立學校的主流，以社區為單位，屬於受國家官方資助的學校，地區教育部門執掌聘用教職員、學校收生、校舍營運等大小事務的管理大權	由地區政府資助，佔全英國4000多所中學的4-5%，競爭異常激烈，而公開考試成績超卓
課程自主度	享有學術和校政自主權，核心科目如英文、數學和科學的內容要跟從「全國教學大綱」來編訂，其餘科目可靈活彈性地設計內容和模式	不需要跟隨「全國教學大綱」制訂課程內容	除宗教科目外，其餘科目需要跟隨「全國教學大綱」制訂課程內容	必須跟隨「全國教學大綱」制訂課程內容	需依照「全國教學大綱」來設計課程，學校沿用相當傳統的教學和管理方法
收生標準	按申請人住址及學校距離收生	多不設收生篩選，沒有入學試選拔，秉持「有教無類」的原則	優先考慮收取有相同信仰背景家庭的學生，其餘學額會留給就近學校居住的學生申請	視乎學生居住的區域，取錄住址離學校最近的學生	收生要求非常嚴謹，以入學成績決定

CHAPTER 3
英國中學大解構

收生標準 各校不同

每間公立學校均有不同的收生標準（Admissions Criteria），難以一概而論。例如宗教學校會優先取錄與學校有相同宗教信仰的學生；有些學校則設有兄姊政策（Sibling Policy），會優先取錄在讀學生的弟妹；若父母曾在該校任職，部分學校也會優先考慮錄取其子女；部分中學設有附屬小學，其學生也可獲得加分。除此之外，英國中學的校長亦擁有一定的酌情權，若校長認可該學生，亦會使用權利錄取學生。

不過，一般而言，公立學校收生主要考慮校網（Catchment Areas），如果申請學生住在學校附近，優勢較大，所以名牌公立學校的周邊樓價會較昂貴。

至於採用精英制的文法中學，入學競爭相當激烈，學校收生標準亦極為嚴格，與其他公立學校不同，會以入學試成績決定，其他因素如校網均屬次要。不過要留意，部分文法學校會純粹考慮11+考試成績，也有部分文法學校會同時考慮11+考試成績和校網距離。羽一會在第3.7章再詳細解說如何準備11+考試。

英國校網如何界定？

名氣較大的學校報考人數較多，若學位不足，出現超額
（Oversubscribed）的情況，那就會以學校的校網範圍或郵政編碼
（Postcode）來決定學位派發。學生的住所愈近學校，獲派學位的
機會愈高，所以居住在學校0.5-1英里內的申請人會更有優勢。

校網的概念連帶令「校網區房地產」出現。據統計，全英國最優
秀50所公立學校一英里內的房屋價格，比同區域樓價平均高出
25%！

圖表3.2 英國學校校網

資料來源：Google地圖

私立學校　小班教學

圖表 3.3　公立學校 v.s. 私立學校

	公立學校	私立學校
學費	政府資助，免學費	平均學費一年£13,194至£30,369（約15至35萬港元）
師生比例	約1：30	約1：9
GCSE考獲7-9級比例	約22%	約74%
A-Level考獲A*/A比例	約25%	約46%
入學難度	文法學校需通過11+考試；其他公立學校相對較易	名牌寄宿學校較難

全英國約有2,300所私立學校，則較精英化，學生多來自「精英階級」。且不少王室成員、首相及社會名人均畢業於私立學校，這更反映出私立學校的教學品質之高。

英國的私立寄宿學校，以優秀的教學質素和升學率見稱，學習資源以及課外活動設置都比公立學校更豐富，再加上配備頂級活動場地和設施等，不僅能夠幫助國際學生儘早融入英國教育體系，亦使得家長放心將孩子交托於學校，學生的人身安全及個人成長的發展都有保證。

雄厚的財力資源使私校坐擁優秀的師資，因此教學水準出類拔萃，公立學校的師生比例一般是1：30，但私立學校的師生比例最多為1：9，屬典型的小班教學。

公立學校和私立學校之間最大差異自然是學費。公立學校受政府資助，學費及生活費低廉，是大部分英國學生的主流就學途徑。而私立學校學費高昂，每年需約15至35萬港元，再加上宿費及生活費，負笈英國私立學校上學的費用每年高達50多萬港元（比在英國攻讀大學學位的費用還要高昂），這對大多家庭的經濟實力是個考驗。

A-Level 考A*比率　比公校高近五成

即使如此，私立學校入學競爭仍然相當激烈，以個別頂尖的私立學校為例，學生即使提前三四年準備，也未必能夠成功入讀。然而學生一旦晉身頂尖私校，其公開試多有佳績——且看私校學生在A-Level考試獲得A*的比例要比公立學校高近五成，其中頂尖私校學生考獲A*/A的比率更接近九成。但話說回來，在私立學校入學競爭愈發激烈的當下，倘若學生能夠透過BNO新政就讀英國優質公立學校，或許對個人發展以及家庭負擔來說均為不錯的選擇。

3.3

男校女校
v.s. 男女校

一個有趣現象是：英國的男校和女校的數量要比男女校更多，而來自男校或女校的學生，他們的升學試表現更出色。這可能由於英國的單性別學校自古便有接收皇室貴族成員入讀的傳統，至今仍不斷取錄慕名而來的尖子，因而形成良性循環。雖然單性別學校的成績看似較佳，不過，這不一定適合孩子，接下來羽一會再剖析男校女校以及男女校的特點。

周末聯誼 確保與異性相處機會

男校的特色，在於著重培養男生的領袖性格，期望他們能將之運用於日後的生活及事業發展當中。課程多採用為戶外團隊形式，以提升學生的團隊協作能力，體育活動必不可少。男校投放在運動項目的資源相當豐富，你會在不同學校發現琳瑯滿目的運動課程，像是馬術、冰球、皮划艇（Canoe and Kayak）、欖球等。

至於青春期的女生，往往因害羞而錯過展現自己的機會，所以英國女校會針對女生的生理和心理，採取較溫和、鼓勵型的教育方式，教育女生自信地展現自我、專屬女性的領導力。此外，女校會進一步培養學生的個性和氣質，開設形體、禮儀等課程。一般來說，從女校畢業的學生更有自信、責任心，在學術上表現更佳。即使在電腦、工程或政治等領域，女校生亦毫不遜色，反映她們沒甚性別束縛，勇於踏進傳統觀念所構建的「男性領地」。

也許家長會擔心單性別學校的學生社交問題。事實上，無論英國的男校還是女校，都會在周末與附近的學校進行交流，例如舉辦舞會聯誼等，確保學生有與異性相處的機會，令社交圈子不會單調乏味。

相較男校和女校，男女校也有其優勢。雖然學校沒有專為男生和女生而設的課程，但主張全面發展，其課程的完整程度更勝男校女校。而學生有更多與異性相處的機會，未來在社會分工合作時，更具適應性和包容性。

與其糾結於單性別學校和混合學校，家長不如從教學質素、活動的豐富程度，以及孩子自身的性格特點出發，才能找到更適合的學校。

3.4

城市學校
v.s. 郊外學校

英國地大物博，學校亦分佈在城市和郊外。學生處於不同環境中，學習體驗自然有所不同。習慣城市生活的香港學生，可能傾向在城市求學。不過，家長需考慮子女的專注程度——英國新奇繁華的都市生活，會否對學習構成影響？如果子女學習時容易分心，那麼入讀郊區學校可能是更好選擇。遠離大城市，除了在郊外寧靜、宜人景色的環境下學習外，也可以探索當地的歷史文化背景。

另外，還有一折衷選擇——市鎮學校。市鎮距大城市不遠，比鄰郊區，繁華和寧靜兼備。家長可與子女充分溝通，瞭解他們的取向。若然孩子性格開放，自然適合大城市的生活；如果生性喜靜，或希望專心學業，則郊外學校更適宜。

不過，學校位置涉及其他因素，如地理環境，交通便利程度、生活開銷的高低，以及基本設施情況等，因此家長選校前，也要結合這些因素周全考慮。

走讀學校
V.S. 寄宿學校

英國的私立學校可分為走讀學校（Day Schools）、寄宿學校（Boarding Schools），以及融合兩者、走讀和寄宿兼備的Day and Boarding Schools。近年英國寄宿學校的申請人數不斷增加，入學競爭更激烈，各位家長不妨參考以下分析，認識走讀學校，再結合自己和孩子的實際情況，作出合適選擇。

選擇走讀學校，可以像當地孩子一樣，每天被家人或寄宿家庭接送上下課，可以享受家庭生活，是宿舍生活難以比擬的。當然，若家庭考慮移居英國，可與孩子陪讀，亦免除要尋找配對寄宿家庭的煩惱，有經濟實力的話，更可計劃在學校周邊置業。走讀學校有不少名校可供選擇，例如位於倫敦的 North London Collegiate School（女校）和 King's College School（男校，預科課程為男女校）等。

讀寄宿學校 假期需另覓住宿

至於在中小學階段便獨自前往英國留學的孩子，還未能懂得照顧自己，入讀則寄宿學校可減卻家長不少煩惱。寄宿學校擁有安全的校園環境、親近的師生社交圈子，加上在統一管理下，能夠讓學生體驗舒適的校園生活。

寄宿學校大致分為兩類，一類是家長趨之若鶩的名校，另一類是區內小有名氣的寄宿學校，後者雖然提供寄宿，但基本都是為國際學生而設，大部分本地學生多住在學校附近，選擇走讀。羽一提醒，絕大部分的寄宿學校在假期期間並不提供住宿，學生需要另尋住處，如入住監護人家庭。

此外，一般來說，頂尖的寄宿學校多遠離市區、交通不便，孩子難以接觸到城市生活。至於這是優點還是缺點，就見仁見智了。

走讀 + 寄宿家庭 + 補習

走讀學校與寄宿學校相比，差距最大的就是學費，由於寄宿學校一年學費就比走讀學校多出約10至30萬港元，「走讀學校 + 寄宿家庭 + 補習」的模式也漸受歡迎。家長會安排子女入讀走讀學校，由寄宿家庭負責照顧孩子的生活起居，再依照子女的學習需要安排學科補習。現時，有不少學生循此途徑，報讀走讀的預科學院（Sixth Form Colleges），備戰A-Level。

這種模式不但能夠保證學生學業成績和留學生活體驗，而且也是一項相對划算的教育投資組合。然而，尋找寄宿家庭不能馬虎了事，有機會的話，實地走訪配對家庭，是對未來留學生活的重要保障。

3.6

如何挑選
合適中學

英國有近20,000間公立中小學和近2,000間私立學校，英國的中學風格各異，各有側重。不同學生亦各有所求，有些或許看重讀書成績，有些或許希望廣泛參與課外活動，羽一經常說：「沒有一間最好的學校，只有最適合的學校」。尋找一所適合子女的中學，家長必須有清晰思路，著實需要策略和技巧，最常見是參考一眾排名榜，然而排名榜只能作大致的評價，無從顯示該校在某一領域的突出表現，有些排名榜更可能涉及利益收受，參考價值不大。羽一在此章會剖析選學校的數大原則，以及提供3大「找學校神器」，助你從不同層面挑選出最適合的學校。

4大選校考慮

1. 校風

英式教育重視全人發展，這可從中小學豐富的課外活動中得見，但英國學校同時亦十分著重學術成績，盡可能培養學生在公開考試獲得優秀表現。現時，英國也出現了密集教學模式的學校，類似針對公開試的補習社，務求短時間內提升學生成績。不過是否要選擇極為重視學術成績的學校，家長還應再三考慮，假如孩子的抗壓能力低，強行催谷成績或有反效果。

英國也有「不設評級」的學校，強調學生身心發展，甚至有種限制學生人數的小型學校，為學生提供一對一輔導，十分關愛學生。

2. 校園設施

校園設施可反映學校投放了多少資源在學生身上，擁有良好的配套，才可為學生提供豐富的學習體驗。如果入讀寄宿學校，也需注意考察學校宿舍的狀況。家長不能只顧學校的名氣，畢竟英國許多歷史悠久的學校，其設施可能經年未更新，又或者新興的現代學校，其設施可能尚未完善。

3. 升學及面試輔導

在英式教育體系之中，確立個人發展方向非常重要，因此選擇學校時，除了考慮當前學校的水平，還應放遠眼光，判斷這學校將來能否實際幫助子女升讀心儀的大學。如果一所中學未能在子女特長的領域提供足夠幫助，或是該校畢業生的路向與子女的專業取向有偏差，那麼即使它如何重視學術，過往學生成績如何優異，都不是合適選擇。

有些學校特別為個別專業取向的學生提供升學及面試輔導，或是開辦進入名牌大學的預備班，倘若能夠結合孩子專業取向並為其選擇此類學校，這會對孩子將來升學有所幫助。

4. 國際生比例

家長還要留意學校的國際生比例，這因素看似細微，實則影響重大。一些傳統的寄宿學校，甚少招收國際生，或雖然招收國際生，但沒有招收香港學生。雖然這情況有助孩子走出香港留學生的舒適圈，真正貼近英式生活，但也考驗孩子的獨立能力和適應力。選擇國際生比例多或少的學校，各有利弊，家長可依據子女的性格來決定。

瞭解各項因素後，羽一接下來會介紹 3 個常用網站，供家長們為孩子選擇適合的中學。

善用3大網站

1. Ofsted官方報告

https://reports.ofsted.gov.uk/

學校排名榜多為坊間媒體「炮製」，家長可透過英國教育標準局Ofsted（Office for Standards in Education）報告來瞭解英國官方對各中小學的評價。Ofsted屬於官方監管機構，但並不隸屬教育部，會定期（通常每5年）派員親身到公立學校及部分私立學校審查，評估其教育質量，並給出總評級。對新成立的學校，或存在問題的學校，審查則會更加頻繁，以確保學校的教學質素。

Step 1.

輸入學校名稱或URN號，直接查找對應的學校。如不確定學校的完整名稱，可輸入關鍵詞，或輸入具體區域，再於Category中點選學校類型，來縮小找尋範圍。

輸入學校名稱或URN號 ⟶

輸入你想知道的區域 ⟶

選擇學校或機構的類型 ⟶

資料來源：Ofsted

Step 2.

下一步就是檢視Ofsted給予學校的等級。Ofsted評級從高至低分為4級：優秀（Outstanding）、良好（Good）、有待改善（Requires Improvement）及不合格（Inadequate）。例如圖中的Teddington School，在2014年獲得「良好」的評級，到2018年Ofsted檢視後，被降級至「有待改善」。

資料來源：Ofsted

Step 3.

家長可以閱讀詳細的Ofsted報告。報告內除了評級外，也有審查人員撰寫的詳細報告，當中有四大範疇以供瞭解。第一項是領導和管理層（Leadership and Management），包括學校的管理質素、運作概況、如何管理及使用資金，以及未來的學校發展計劃。

第二項是學校的教學質素（Quality of Teaching, Learning and Assessment），瞭解教師的教學質素及評核的難度是否適中。尤其在英語和數學這兩門核心科目，教師及學校能否協助學生提升學術水平，以及能否為基礎較差的、有特殊需要（Special Educational Needs, SEN）、英語為非母語（English as an Additional Language, EAL）的學生提供額外輔導。

第三項是學生的行為舉止和安全（Personal Development, Behaviour and Safety）。Ofsted人員會在課堂考察、調查學生的出勤率、檢視學校的紀律制度、聽取評價等，瞭解學生在課堂內外的品行，以及同學間有否欺凌個案，如有，學校又如何應對；Ofsted也會評估校園安全，如常規消防安全、學校應對恐怖事件的處理手法，以及防止學生極端化的預防措施等。

最後一項是學生的成績（Achievement of Pupils），檢閱學生在GCSE考試中獲得不同成績等級的百分比。此外，報告更會比較某名學生在中學和小學的成績，以得出他在中學階段進步了多少。

總的來說，由於Ofsted相當公正和具權威性，獲得Outstanding 的學校都將之作為宣傳要點。雖然如此，但仍無法避免學校在Ofsted審查前有所準備。

羽一亦提醒，並非全部學校都受Ofsted的監管，所以若能夠在網站查閱到Ofsted對心儀學校的評價，固然是好，但遇上報告日期較舊、甚至沒有Ofsted報告的學校，可使用其他方式小心評估學校，以免被誤導。

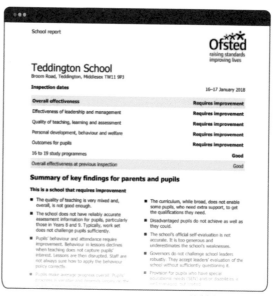

資料來源：Ofsted

2. School League 成績排行榜

https://www.gov.uk/school-performance-tables

香港家長普遍着重學業，在瞭解學校背景後，如何能查看學校的公開試成績？這時就要看英國政府公開發佈的「成績排行榜」（School League Table）數據，以瞭解學校的成績數據。「成績排行榜」統計了該校學生在公開試中的表現，包括英國中學各校的GCSE成績，以及應考A-Level考試的學生表現。此外，「成績排行榜」也可看到英國大部分公立小學的考試成績，參照為升中的標準評估測驗（Standard Assessment Tests, SATs）。

Step 1.

在GCSE階段，Progress 8 分數比較了學生入學（完成Key Stage 2）與畢業（完成Key Stage 4 GCSE考試）的成績，能反映出學生在該所中學學習後，成績進步了多少。同時，可以留意 Grade 5 or above in English &

School name	Type of school	Number of pupils at end of key stage 4	Progress 8		Entering EBacc	Staying in education or entering employment (2017 leavers)	Grade 5 or above in English & maths GCSEs	Attainment 8 score	EBacc average point score
			Number of pupils included in this measure	Score & description					
Waldegrave School ✖ Remove	Academy	202	196	Well above average 0.84	70%	99% (200 of 202 pupils)	71%	64.2	5.95
Grey Court School ✖ Remove	Academy	203	194	Well above average 0.54	63%	93% (209 of 225 pupils)	59%	57	5.18
Orleans Park School	Academy	198	181	Well above average	86%	96% (185 of 193 pupils)	67%	59.8	5.78

資料來源：School League Table

Maths GCSEs的百分比，可以知道該校有多少學生在這兩科考獲5級或以上的成績（最高9級，4級以上為合格，達7級以上為優異）。

Step 2.

到A-Level階段，Progress 分數同樣是比較學生入學（GCSE考試）與畢業時（A-Level 考試）的成績，能夠反映出該校學生進步了多少。Average Result是該學校的學生在A-Level的平均成績；Achieving AAB, or higher, including at least 2 facilitating subjects 則統計該校成績達AAB的學生比例（AAB為優秀英國大學的入學門檻）。

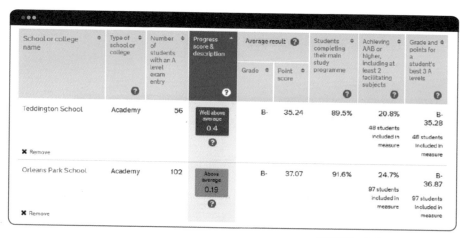

資料來源：School League Table

3. Locrating

https://www.locrating.com/

網上平台 Locrating 是智能地圖，分為免費版和收費版兩種模式，其學校數據十分強大。除了有學校的基本資料、Ofsted 報告、學生於公開試的表現等外，Locrating 還收集家長的意見，整理出學生的開心指數（Happiness Rating），讓家長瞭解該校學生是否能愉快學習。不僅如此，對於計劃讓子女走讀的家庭來説，Locrating 還能為助這些家庭蒐集居所或置業情報，十分方便。

由於大部分公立學校以家校距離為主要收生標準，Locrating 的智能地圖分析了學校過往的收生記錄，估算出每間學校的校網範圍。家長更可搜尋範圍內的租盤或賣盤，那就不怕住錯區域了！

資料來源：Locrating

這 3 個網站從不同方面剖析英國學校，只要有耐性尋找資料，細心地比較，總會找到最適合你的學校。

3.7

準備11+ 13+
考入頂尖文法學校

英國的公立精英制學校及私立名校學額稀缺,入學須經歷非常激烈的競爭。
需知道,申請公立和私立學校過程截然不同,報考公立文法學校,需要參加
11+ 或13+ 考試;若想入讀私立名校,香港學生一般需要參加UKiset,ISEB
PreTest等篩選考試、學校入學試及面試,而不同院校的入學考試及程序亦不
一樣。羽一將分享如何規劃、部署考入英國名牌學府,家長及學生可瞭解當
中竅門,做足事前準備。

在英國公立中學讀書毋須學費,坊間更是對精英制文法學校趨之若鶩。文法
中學的主要收生階段是小學升中學的 Year 7,因此若學生想入讀,應及早準
備11+升中入學試、即 CE(Common Entrance Examination)考試。學校會
參考11+考試成績,錄取優秀的學生,並向學生頒發入學獎學金和助學金。

羽一提醒,若學生想入讀普通公立中學(Comprehensive Schools),則毋
須考 11+。

只能在英國應考

要報讀文法中學Year 7,在Year 5開始就要報名,11+考試通常在Year 6
開學後的9月舉行(只能在英國考試),成績會在10月中公佈。若考試成績

達到前20%，則可報考心儀的文法中學。學生在10月底前填妥中央派位申請表（Common Application Form）進行統一派位，派位結果會於翌年3月初公佈。

圖表3.4　11+考試時間表

報名	考試	考試成績公佈	遞交中央派位申請	公佈結果
Year 5 （4至7月）	Year 6 （9月第一至二星期）	Year 6 （10月中）	Year 6 （10月底前）	Year 6 （翌年3月）

11+考試由兩大考試委員會制訂：格拉納達教育機構（Granada Learning, GL）與劍橋大學評估中心旗下的教育評估與監控中心（Centre for Evaluation & Monitoring, CEM）。每間文法中學採用的考試局不盡相同，要知己知彼提前準備，應瞭解心儀學校採用的考試局及考試範圍，可以參考

學校網頁或以下網址：https://www.11plusguide.com/grammar-school-test-areas/

GL與CEM命題在內容和形式略有不同，不過內容均涵蓋Year 6和Year 7的知識。GL考試分為4部分，分別為英文（包括閱讀理解、作文、語法、詞彙拼寫等）、數學、文字推理（像昔日香港小六學生參加的學能測驗）及圖像推理（看圖為主，近似IQ測試）。CEM則有文字推理、圖象推理、數字推理共3大部分。一般而言，GL較注重數理邏輯及應試技巧，而CEM則較注重英語能力的認識及運用。

部分學校設13+考試 招收Year 9學生

如果在11+考試中失手，未能入讀心儀的文法中學，部分文法學校也設有13+考試，招收Year 9學生（即入讀GCSE前的一個學年）。

學生可在Year 8（即約12至13歲）的夏季參加13+考試，一般來説，每間學校的考試內容不一，考試科目有英語、數學、歷史、地理、宗教、法文及科學，學生還需選考拉丁文、古希臘文、德語、中文普通話、西班牙語、地理、歷史及宗教研究等科目。學校會以成績審核學生水平，不過各校要求不盡相同，因此試前宜多瞭解心儀學校的考試內容及錄取分數條件。

3.8

部署考入
英國名牌私立學校

1. UKiset 考試

過百所英國私立學校包括布萊頓學校（Brighton College）、伊頓公學（Eton College）、奧多中學（Oundle School）、七橡樹中學（Sevenoaks School）、西敏公學（Westminster School）等寄宿名校，現時會以UKiset（UK Independent Schools' Entry Test）作為入學考試，考核學生的學習能力和發展潛能。

9.5歲至18歲的學生均可報考UKiset網上考試（寫作部分以書寫形式進行），考生可在英國文化協會或其他官方認可的考試中心進行考試，毋須遠赴英國。全年任何時候都能考試，但半年內不能重考，而成績有效期只有一年。

UKiset考試流程清晰簡潔，考生可申請UKiset官方將成績直接遞交5所擬報考的英國私立學校，節省學生向不同學校申報的漫長過程。

考題難度　按答題即時調整

UKiset考試時長約2.5小時，考試題目的難度更會即時隨著學生的情況而自行調整。考試分為三大部分，包括劍橋英語考試（Cambridge English Test）、數理邏輯（Mathematics）及非文字推理（Non-Verbal Reasoning）。

1. 英語

英語考試以劍橋英語為基礎，考核學生的英文綜合水平（包含語法、詞彙、閱讀理解、聽力和創意寫作）。例如詞彙會考核近義詞概念，難度接近母語程度，所要求掌握的詞彙量甚高。

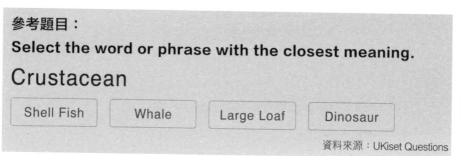

參考題目：
Select the word or phrase with the closest meaning.
Crustacean

| Shell Fish | Whale | Large Loaf | Dinosaur |

資料來源：UKiset Questions

創意寫作是另一考核重點，考生須根據指定題目撰寫一篇英語作文，最少字數按各年齡層而有所不同，指定話題十分天馬行空，考核學生創意及突破傳統思維的能力。考生應及早準備寫作構思、寫作結構及語言表達等技巧。

參考題目：
"If you suddenly won lots of money, what would you do with it?"

資料來源：UKiset Questions

2. 數理邏輯

數理邏輯考核學生運用數學概念和技能解決實際問題的能力，香港學生的數理基礎較為扎實，一般在這科目較有優勢，但要考取高分也不能掉以輕心。由於考試難度會隨著學生的答題情況而調整，若學生在低難度題目表現優異，題目會變得愈來愈難，甚至超越學生所學，例如低年級學生也有機會遇

到中四數學一元二次方程（Quadratic Function）的題目（如下圖），所以要爭取滿分9分的學生，需要提前學習高年級的知識。

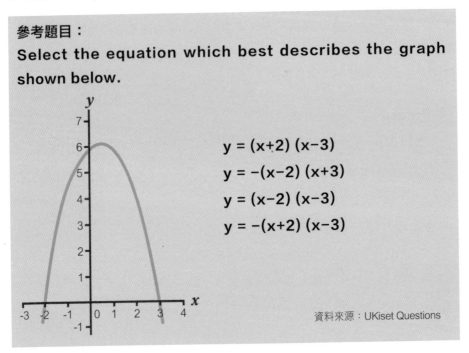

參考題目：
Select the equation which best describes the graph shown below.

$y = (x+2)(x-3)$

$y = -(x-2)(x+3)$

$y = (x-2)(x-3)$

$y = -(x+2)(x-3)$

資料來源：UKiset Questions

3. 非文字推理

此部分考核學生的圖像分析及空間思維（在2D和3D空間旋轉和處理圖形）的能力，較接近IQ智力測試。

這類測試的題型看似無法準備，其實不然。如下圖第一題為例，學生需要重點觀察圖形的形狀、顏色，找出左方一組兩個圖形的類比關係（方形和圓形、黑色和白色互換），從而得出右方一組為三方形和菱形、灰色和白色互換，即答案為選項e。第二題則考核空間思維能力，需要觀察立體各個面的

圖形，並利用「排除法」篩選得出答案b。當然，若要掌握難度更高的題目，則需要更深入學習相關的答題技巧。

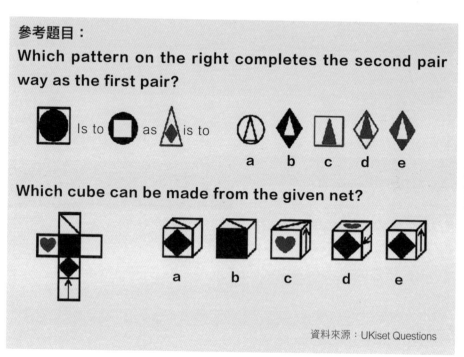

資料來源：UKiset Questions

3至5日後公布成績

考試結束3至5個工作日後，考生便可獲取成績報告。考試成績分為4部分：詞彙（Vocabulary）、數學（Mathematics）、非文字推理（Non-Verbal）和英文（Cambridge English scores）。

圖表3.5　UKiset成績

Battery	① ISS	② UK National Average	③ UK Independent School Average	④ NPR	⑤ ST
Vocabulary	119	100	112	89	8
Mathematics	131	100	110	98	9
Non-Verbal	124	100	113	94	8
Average	129	100	111	-	-
Average (Ex. VR)	130	100	111	-	-

Cambridge English scores

The scores are reported on the Cambridge English Scale The levels are taken from the Council of Europe's Common European Framework of Reference for Languages (CEFR) levels from Pre-A1 - C1 or above.

This Cambridge English test is a measure of receptive language skills providing an internationally recognised level for reading and listening skills in English.

⑥ Battery	Scaled score	CEFR level
Listening	180+	C1 or above
Reading	180+	C1 or above
Average	180+	C1 or above

①ISS為考生獲得的分數，要留意，滿分並非100分！考生應將自己的成績與②UK National Average（英國全國學生平均分）和③UK Independent School Average（英國私立學校學生的平均分）作比較。一般來説，英國全國平均為100，而私立學校的學生成績較全國水平高。

④NPR的數值為考生成績的排名，愈接近100，代表排名愈高。以上圖為例，98即表示考生的排名居前2%。⑤ST為簡化成績，滿分為9，上圖學生的成績為詞彙8分、數學9分、非文字推理8分，他獲得的成績為8,9,8，表現優秀。

⑥為劍橋英語的成績，等級從低至高為A1、A2、B1、B2、C1或以上。這名學生獲得C1或以上的頂級成績，代表其英語水平相當不俗。

名校一般要求ST 7，8，8或以上

據羽一輔導學生的經驗，ST獲7, 8, 8 或以上成績在申請名校較有優勢。香港學生經過操練，數學及非文字推理不難取得8或9的高分，然而，詞彙考核學生長期累積的英文語言能力，雖多加努力，不能一蹴而就。

2. 各校入學試及面試

除了 UKiset 外，名牌私立學校一般會另設入學試，考試內容和形式因每間學校而異。名牌中學為篩選最有潛力在公開考試發揮出色的學生，因此入學考題多以英國 GCSE 和 A-Level 考試內容為基礎。傳統名牌預科學府 Cardiff Sixth Form College 的入學考試相當嚴謹，學生需按照自己的 A-Level 選科，參加 4 門學科的測試（各 1 小時）及網上非文字推理測試（約 2 小時），共計考 5 科、共 6 小時。

羽一再次提醒，由於英國 GCSE 和 A-Level 課程內容與 HKDSE 存在差異，若香港考生有意報考英國名校，應及早準備學習 GCSE 課程，甚至提前學習 A-Level 內容。

在申請名校的過程中，除了考核學術能力之外，還特別看重學生的個性，因此面試環節也是學生能否被錄取的重要因素。大多數面試題目沒有標準答案，評核的重點在於學生的獨立思考能力、解決問題的思考模式、對學習的熱忱，以及獨特的個性發展等。

要展現好學、積極自信和獨特個性，羽一建議學生從以下數方面著手準備面試：

1. 知己知彼 瞭解目標

一個最經典的面試問題：「你為什麼選擇報讀我們學校？」面試官可能會向你簡介學校的情況，從而打開話題，你應提前瞭解學校的教育理念、獨特歷史文化、課程安排、優勢特色、近期新聞等，方能先聲奪人。在面試時，學生闡述的重點應放在教育理念上，而不是泛泛而談學校的硬件和設施。

2. 膽大心細 展現個性和自信

面試官通常會提出不同開放型題目的難題，從中分析學生的解難能以及思考模式。謹記，重點是解難過程中的思考，而不是問題的答案。因此，學生應展現鎮靜的態度，語速要保持自然流暢的勻速，並有適當的肢體語言及與面試官的眼神交流。學生要嘗試運用所學知識勇敢作答，答案可以天馬行空，只要言之成理，展現創意即可。切忌膽怯迴避問題！

3. 積極主動 愛好學問

面試是面試官與考生雙向交流的過程，在面試最後階段，一般會讓學生發問，這是學生展現積極、主動和熱情的黃金機會。學生應把握這寶貴時刻發問，展現出自己對學校的瞭解，例如問及學校的最新動向；又可展現自己對求學的熱情和求術能力，例如再深入討論自己感興趣的學科，就能夠在面試官前留下好印象。

圖表3.6 常見面試題目

About Your Academic Background（學術背景）	• Please share with me your study experience and your favourite subjects. （請和我分享你的學習經歷，以及你最喜歡的科目。） • Which course has been the most difficult or challenging for you? （你認為哪一門課程是最困難？或最具挑戰性？） • Why will the apple fall to the ground? （蘋果為何會掉在地上？） • Is Mathematics a Language? （數學是否一種語言？）
About Your Personal Life（個人生活）	• Please tell me something about yourself, including your family background. （請自我介紹，包括你的家庭背景。） • What is your favourite book, author, movie or TV show? And why? （你最喜歡哪本書、哪位作者？你最欣賞哪一齣電影或電視劇？為什麼？）
About Your Extracurricular Activities（關於課外活動）	• Do you have any hobbies or special interests? （你有什麼愛好和特別感興趣的事情？） • In what extracurricular activity have you made the most contribution? （你在哪項課外活動中貢獻最多？）
About Your Selection of Schools（關於學校的問題）	• What are the most important criteria for you to choose a school? （你在選擇學校時，最著重哪些標準？） • What interests you most about our school? Why do you want to attend our school? （你對我們學校最感興趣的是什麼？你為什麼想來這所學校唸書？）
About Your Ability of Innovative and Creative Thinking（創意、開放性題目）	• Please tell me a joke. （請和我分享一個笑話。） • If you could land on the moon, what words would you write on its surface? （如果你登上月球，你會在月球表面寫上什麼字？）

面試的準備過程並不能一蹴而就，學生想要在考試中脫穎而出，在面試官前留下好印象，需要積極準備並提前練習。如果時間和資源許可，家長和同學不妨考慮尋找專業的導師指導，為打開名校之門做好充足準備。

探索優質
中學校區

4.1

英格蘭校區
如何劃分？

挑選學校時，除了學校的條件外，家長亦需要考察學校所在的城市或地區。
如想入讀優秀中學，基於英國公立學校校網原則，學生需要住得夠近，近水
樓台先得月。因此，校區的選擇相當重要，不少當地家長更會盡早置業，皆
因一所好學校會帶動附近樓價上漲，升值潛力甚高。這章會從地域角度，帶
大家認識英格蘭的不同校網區域。這節先談談英格蘭的行政區劃分。

圖表4.1　英格蘭行政區劃

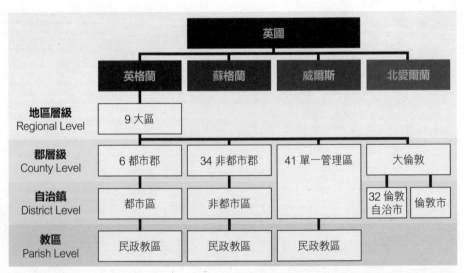

資料來源：Office for National Statistics, England

128

第一級區劃：大區

英國由英格蘭、蘇格蘭、威爾斯和北愛爾蘭組成，英格蘭共分為9個大區（Regions）：大倫敦、英格蘭東北、英格蘭西北、約克郡與亨伯、西米德蘭、東米德蘭、英格蘭東部、英格蘭西南部、英格蘭東南部。

第二級區劃：郡

英國分為6個都市郡（Metropolitan Counties）、34個非都市郡（Non-metropolitan Counties）、41個單一管理區（Unitary Authority）和大倫敦（Greater London）。都市郡是人口聚集的地區，人口約120至280萬人，如大曼徹斯特（Greater Manchester），而非都市郡如劍橋郡（Cambridgeshire）、牛津郡（Oxfordshire）、埃塞克斯郡（Essex）等，人口約30至140萬。

單一管理區（Unitary Authorities）是指只有單一層級，即不能再往下劃分的行政區，如諾丁漢（Nottingham）、維特島（Isle of Wight）。現時還是有一些區域保留了「郡」作地名，只是不再用「郡」作為行政區劃的層級。

大倫敦（Greater London）則屬於行政區劃的特殊郡份。

圖表4.2 英格蘭地區劃分

英格蘭東北
North East England

約克郡與亨伯
Yorkshire and the Humber

英格蘭西北
North West England

東米德蘭
East Midlands

西米德蘭
West Midlands

英格蘭東部
East of England

大倫敦
Greater London

英格蘭西南部
South West England

英格蘭東南部
South East England

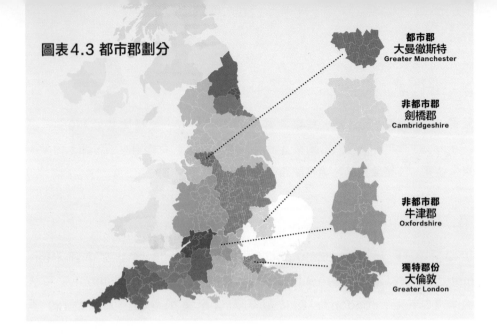

圖表4.3 都市郡劃分

都市郡
大曼徹斯特
Greater Manchester

非都市郡
劍橋郡
Cambridgeshire

非都市郡
牛津郡
Oxfordshire

獨特郡份
大倫敦
Greater London

第三級區劃：地區

若干個都市區（Metropolitan Districts）和非都市區（Non-metropolitan Districts）會再分地區。大倫敦則劃分出 32 個倫敦自治市（London Boroughs）和倫敦市（City of London），其中倫敦市是英格蘭的首府，也是英國的首都。

第四級區劃：教區

教區（Parish）其實是小鄉村和部分城市的分區，由多個民政教區（Civil Parishes）組成。

公立學校優良比率近九成

根據 Ofsted 評估報告，英國的中小學教育普遍保持相當高的水準，超過八成學校達到優秀（Outstanding）及良好（Good）等級，其中公立學校的優良比率接近九成，而私立學校亦達八成。在英格蘭的 9 個大區當中，倫敦區、東南區和西北區的教學質量高於英格蘭的平均水準。

圖表4.4 英格蘭各區學校的優良比率

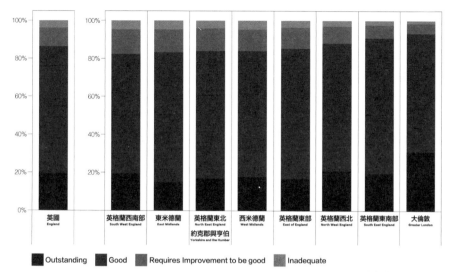

資料來源：Ofsted

羽一認為，在挑選地區時，要考慮的因素也有不少，包括：

- · 整體教育品質(名牌學校數量、大學分佈情況)
- · 文化底蘊(充滿古典氣息，還是走在現代潮流)
- · 樓價與租金(若家長計劃買樓，需要考慮未來樓價升幅)
- · 主要經濟產業(當地職業工種分佈)
- · 城市未來發展方向(影響畢業後的就業規劃)
- · 交通(路面是否暢通，有沒有鐵路、巴士、地下鐵等)
- · 基礎設施(飲食、購物等其他生活娛樂設施)

在以下章節，羽一將會從上述角度，由大及小，逐步剖析英國各個熱門城市和地區，為大家展現其真實的面貌，從而幫助各位家長「因地制宜」，在挑選學校之前做好挑選城市和地區的第一步。

4.2

大倫敦
聚集頂級教育資源

整體教育情況： 世界一流大學如倫敦大學學院（University College London）、倫敦帝國理工學院（Imperial College London）、倫敦政治經濟學院（The London School of Economics and Political Science）、倫敦國王學院（King's College London）等的所在地。

文化底蘊： 倫敦毫無疑問為英國最繁華的城市，且是具創新精神城市的第二位。國家美術館、大英博物館和白金漢宮均坐落於此，城市文化底蘊深厚。

樓價與租金： 平均樓價為620,329英鎊，高出全英國平均樓價的15%。由2015-2020年，大倫敦的樓價升幅約15%。每月平均租金為2,377英鎊，同樣高出全國平均。

大倫敦
Greater London

人口： 約9,300,000（截至2021年1月）

面積： 約1,570平方公里

主要經濟產業：為英國最強大經濟中心，經濟命脈主要依靠服務業、金融及相關專業服務例如銀行、保險、外匯和證券服務。

城市未來發展方向：上世紀成功由製造業轉型到金融業，剛邁進千禧年時更由金融之都演變成創意之都，未來將會大力發展創意產業，包括廣告、電影製作、設計，以及加強基礎設施建設以面對人口增長挑戰。

交通：鐵路、巴士以及地下鐵路設施發達，惟上下班高峰期（一般為7時至9時），不論是地鐵還是地面，均相當擠擁。

基礎設施：面對著巨大的人口增長壓力，大倫敦原有的基礎設施需擴大負荷。政府計劃未來將會建造更多的高層住宅、改善街道設計以及路面交通為居民帶來新的生活空間。

熱門校區介紹

1 巴奈特 Barnet

👍👍👍👍👍

人口：約396,000（截至2021年1月） | **面積：**約87平方公里

區域特色：

- 倫敦中上階層人士聚居之地，區內交通便利。
- 該區有近7,600名華人，為倫敦各區中最多華人人口的區域。
- 當地有皇家空軍博物館（Air Force Museum）、公牛劇院（The Bull Theatre）和藝術倉庫（Artsdepot）。
- UK Property Search資料顯示，該區平均樓價為600,115英鎊，較全倫敦平均價格低3.3%，但過去5年（2015-2020年）樓價增長23%；每月平均租金為1,924英鎊，較全倫敦平均價格低19%。
- 暴力犯罪率低於全國平均水平。

教育情況：

- 巴奈特區政府大力推動教育產業發展，坐擁充足資源和頂尖院校，該區公立學校GCSE成績優異，有6所小學的KS2成績為100%，另有20所學校的KS2成績為90%。
- 據Ofsted評估報告，巴奈特的校網排名全英第五，區內學校被評為Good或以上的比率接近100%。該區獲得Outstanding評級的公立中學有Queen Elizabeth's School（男校）、St Michael's Catholic Grammar School（女校）、Ashmole Academy, London（男女校），當中Queen Elizabeth's School的學生在GCSE考試中獲5級或以上的比率達100%。
- 該區著名私立中學為Dwight School London（男女校），是優秀的IB中學，2020年學生的平均IB分數為35分。該校為日校，每年學費為23,280英鎊。

2 肯辛頓和車路士 Kensington and Chelsea

| **人口：**約156,000（截至2021年1月） | **面積：**約12平方公里 |

區域特色：

- 位於倫敦市中心，是英倫文化精華所在，各國富商爭相在此區投資。

- 該地區以富裕著稱，超過五分之一人口從事金融行業相關工作。居民教育程度高，超過一半擁有大學本科或以上學歷。

- 當地有不少博物館，包括倫敦自然歷史博物館（The Natural History Museum）、科學博物館（Science Museum）和維多利亞和阿爾伯特博物館（V&A Museum），每年接待超過1000萬遊客。

- UK Property Search資料顯示，該區樓價穩定，沒有明顯波動，2021年平均樓價為2,072,121英鎊，遠高於全倫敦平均水平。每月平均租金為3,255英鎊。

探索優質
中學校區

教育情況：

- 這區有多間私立和公立學校，如國際英法雙語小學The Fulham Bilingual、私立小學Thomas's Fulham、以及New King's和Sulivan小學。

- GCSE成績為全倫敦第三，區內所有學校都取得Good或以上評級。該區獲得Outstanding評級的公立中學有The Cardinal Vaughan Memorial RC School（男校）、Chelsea Academy（男女校）和Holland Park School（男女校）。

- 帝國理工學院、英國皇家音樂學院以及英國皇家藝術學院的所在地。

3 泰晤士河畔京士頓區 Kingston upon Thames
👍👍👍

人口：約178,000（截至2021年1月）	面積：約37平方公里

區域特色：

- 屬四大皇家自治區之一，皇室貴族和社會精英均在此定居。
- 歷史文化底蘊深厚，為著名的玫瑰劇院（Rose Theatre）的所在地，可觀賞莎士比亞早期戲劇演出。
- 平均樓價為646,707英鎊，較倫敦平均水平高4%。每月平均租金為1,957英鎊，較倫敦平均水平低18%。
- 區內交通便利，距離市中心車程約30分鐘，有不少鐵路和巴士路線可供選擇。
- 犯罪率較低，每千人僅有57宗犯罪個案。

教育情況：

- 全英GCSE表現最佳地區，超過90%的學校被劃分為Good或以上評級。區內有多間頂級公立學校，如小學Coombe Hill Junior School和St John's C of E Primary School，中學The Tiffin Girls' School（女校）、Tiffin School（男校），兩間學校在GCSE獲5級以上的比率均超過95%，在A-Level取得AAB或以上的成績分別為72%和54%。
- 該區私立中學同樣出類拔萃，當中Marymount International School（女校）為區內頂尖的IB中學，成績排名為12，2020年學生平均考獲38分，該校設有日校及寄宿學校。
- 同樣屬私立中學的Kingston Grammar School（男女校）和Surbiton High School（女校）則開辦A-Level課程，兩間學校的學生獲A/A*比率同樣超過58%。

4 泰晤士河畔列治文區 Richmond upon Thames
👍👍👍👍

人口：約198,000（截至2021年1月） | **面積：**約57平方公里

區域特色：

- 居民以英國本地人為主，只有不到四分之一為境外人士，當地英國文化氣息相當濃厚。
- 區內有著名的橙樹劇院（Orange Tree Theatre）和列治文劇院（Richmond Theatre）所在地，還有夏季露天電影院。
- 交通方便，地下鐵路四通八達，距離市中心僅20分鐘車程。
- 該區兒童貧困率、失業率和領取救濟金人數為全倫敦最低。

教育情況：

- A-Level考試平均分和取得AAB等級的比率為全倫敦最高。
- 該區私立中學相當優秀，St Paul's School（男校）、Hampton School（男校）和Lady Eleanor Holles School（女校）在英國高考排名分別為7、16和22。
- 該區50%的學校獲得Outstanding評級，較著名的公立中學有Waldegrave School、Orleans Park School和Grey Court School，3所學校均是男女校。

探索優質
中學校區

5 西敏市 City of Westminster

人口：約261,000（截至2021年1月） | **面積：**約22平方公里

區域特色：

- 屬英國政治中心，唐寧街10號、國會大廈、白金漢宮均於此區。
- 區內亦有不少知名景點，如西敏寺、大笨鐘、皇家歌劇院、森麻實府（Somerset House）、國家美術館（National Gallery）。
- 地鐵線路覆蓋極廣，與許多巴士線和國家鐵路相連。
- 2021年該區的平均樓價為1,210,623英鎊，為倫敦平均價格的兩倍。每月平均租金為2,037英鎊，較倫敦平均水平低14%。

教育情況：

- 該區約93%的公立學校取得Ofsted的Good或以上評級，例如The Grey Coat Hospital（女校）、The St Marylebone C of E School（女校）、Paddington Academy（男女校）均獲Outstanding評級。
- 位於西敏寺附近的Westminster School是英國老牌九大公學之一，13+只收男生，16+起招收女生。學生於公開考試的成績非常彪炳，在英國GCSE排名第2，A-Level獲A/A*比率達83%、排名第4。在過去5年，該校每年約有70至80名學生獲牛津或劍橋大學取錄。
- 倫敦政治學院和國王學院部分校區坐落此區。

6 格林威治 Greenwich

👍👍👍👍

人口：約288,000（截至2021年1月）	面積：約47平方公里

區域特色：

- 格林威治標準時間（GMT）以位於當地的格林威治皇家天文台而命名。

- 為國家海洋博物館、舊皇家海軍學院、女王之屋（Queen's House）和埃爾特姆宮（Eltham Palace）所在地。

- 該區於2015-2020年的5年間樓價升幅約34%，2021年該區的平均樓價為661,956英鎊，較倫敦平均水平高7%。每月平均租金為1,697英鎊，較倫敦平均水平低29%。

- 根據報道，該市居民焦慮程度為全英最高。

教育情況：

- 約有93%的公立學校取得Ofsted的Good或以上評級，例如Prendergast School（女校）和Harris Academy Greenwich（男女校）等。

7 哈默史密斯－富勒姆區 Hammersmith and Fulham

人口：約185,000（截至2021年1月）	**面積：**約16平方公里

區域特色：

- 為著名的伯爵宮廷展覽中心（Earl's Court Exhibition Centre）、富勒姆百老匯（Fulham Broadway）和富勒姆宮（Fulham Palace）的所在地。
- 區內有佔地15萬平方米的Westfield購物中心，以及超過200多家商店。
- 交通方便，區內有多條地下路線通連至倫敦市中心，巴士線路亦廣泛覆蓋各地。
- 2021年平均樓價為1,079,445英鎊，較倫敦平均水平高74%，不過2015-2020年的價格波動不大。每月平均租金為2,953英鎊，較倫敦平均高24%。

教育情況：

- 區內97%的公立學校取得Ofsted的Good或以上評級，名校包括Sacred Heart High School（女校）、Lady Margaret School（女校）及The London Oratory School（男校）。
- 區內頂級私立名校包括St Paul's Girls' School（女校），是全英國GCSE成績最好、高考成績第三的學校。

8 薩頓 Sutton

人口：約206,000（截至2021年1月）　　**面積：**約44平方公里

區域特色：

* 區內有霍尼伍德博物館（Honeywood Museum）、小荷蘭館（Little Holland House）和倫敦考克尼博物館（The Cockney Museum）。
* 平均樓價為434,857英鎊，較倫敦平均水平低30%，5年間增幅為21%。每月平均租金為1,382英鎊，較倫敦平均水平低42%。
* 區內有不少綠化空間，共有89個公園，總面積近1500英畝。
* 有充足的地面鐵路和巴士線路連接倫敦市中心，車程僅30分鐘。

教育情況：

* 該區學校GCSE表現為倫敦第二，著名公立文法中學Wallington High School for Girls（女校）獲選為全倫敦第一、全英第二的學校。每年約有2,000人爭奪200個學額。

探索優質
中學校區

9 哈羅 Harrow

人口：約251,000（截至2021年1月）　　**面積：**約51平方公里

區域特色：

* 地下交通系統完善，前往倫敦市中心僅需30分鐘。
* 犯罪率較低。

教育情況：

* 著名的貴族學校哈羅公學（Harrow School）位於此區，包括邱吉爾在內的7位英國首相及印度首相尼赫魯等均出身於此。
* 當地還有不少被Ofsted評為Outstanding的名校，包括如Wembley High Technology College（男校）、Wembley High Technology College（男女校）和Whitmore High School（男女校）。

英格蘭東南部 盛產牛劍生

整體教育情況：世界一流名校之牛津大學（University of Oxford）、修咸頓大學（University of Southampton）和根德大學（University of Kent）均坐落於此。

區內整體教育水準十分高，在牛劍兩校錄取率排名前25位的公立學校之中，有7間屬該地區的學校。據Ofsted的評估報告顯示，該地區90%的公立學校均取得Good或以上評級，遠高於全英平均水平。在白金漢郡、根德等地，共計有56所文法學校，在全英範圍都頗有競爭力。

文化底蘊：文化和歷史氣息極為濃厚，有著名的溫莎城堡、牛津大學；當地文化活動亦相當豐富，有懷特島音樂節（Isle of Wight Festival）、雷丁音樂節（Reading Festival）以及列斯音樂節（Leeds Festival）。

英格蘭東南部
South East England

人口：約9,180,000（截至2021年1月）
面積：約19,100平方公里

樓價與租金：平均樓價為476,128英鎊，較全英平均水準高92%，五年間增幅不大。每月平均租金2,373英鎊，較全英平均水平高147%。

主要經濟產業：經濟相當繁榮，人均GDP排英國第二，僅次於倫敦。地區產業以國際工程業務為主，有大量航空航天與國防公司，例如法國電子集團Thales主要研發生產雷達及電子系統。

城市未來發展方向：目前為英格蘭的科技教育中心，未來將倚靠大倫敦城市規劃輻射發展。

交通運輸：交通設施便利，主要以單車、巴士以及鐵路出行為主。

基礎設施：英國將會在2030年停止出售汽油及柴油汽車，政府規劃在英格蘭東南部大量建造充電站以滿足電動車車主需求。

熱門校區介紹

1 牛津郡 Oxfordshire

👍👍👍👍👍

人口：約692,000（截至2021年1月）	**面積：**約2,610平方公里

區域特色：

- 被稱為夢幻尖塔之城（The City of Dreaming Spires），城中到處皆是富歷史感的石建築，還有世界級學府——牛津大學。

- 郡內聚集高科技產業、汽車創新業和先進製造業，經濟發達，為全英僅有的三大對國庫淨貢獻地區之一，居民亦比較富裕。

- 景點包括牛津基督教堂學院（Oxford's Christ Church College）、馬格達倫學院（Magdalen College）和科學史博物館（History of Science Museum）。

- 交通方便，一小時內可以到達倫敦。

- 平均樓價為418,787英鎊，較全英平均高69%，2015-2020年的5年間增幅18%。平均每月租金為1,895英鎊，較全英平均高98%。

教育情況：

- 牛津郡的小學公開試（SATs）整體成績普遍優異，遠超全英平均水平。

- 該地區有高達32%的學生進入牛劍兩高等學府，公立中學名校有The Cherwell School（男女校）和Bartholomew School（男女校）等，頂級私立名校則有Oxford International College（男女校）和Magdalen College School（男校，預科起招收女生）。

2 根德 Kent

👍👍👍👍

人口： 約 1,582,000（截至 2021 年 1 月）   **面積：** 約 3,740 平方公里

區域特色：

- 臨近英倫海峽，風光迷人，不僅有著名的多佛爾白崖、坎特貝雷大教堂（Canterbury Cathedral）和聖奧古斯丁修道院（St Augustine Abbey），還有充滿田園氣息的城堡和保存良好的中世紀建築，被譽為英格蘭的後花園。

- 可於 40 分鐘內到達倫敦，甚至在兩小時內到達法國。

- 平均樓價為 314,353 英鎊，較全英平均水平高 27%。每月平均租金為 1,565 英鎊，較全英平均水平高 63%。

- 規模較小，人口不多，外來移民比例低，生活節奏較慢，相對安靜和閒適。

教育情況：

- 全英國 164 間精英文法學校中，38 間（23%）位於肯特，另外有 91% 的公立學校取得 Ofsted 的 Good 或以上評級。Tonbridge Grammar School（女校）和 Tunbridge Wells Girls' Grammar School（女校）是肯特極具名氣的文法學校。

- Tonbridge School（男校）和 Sevenoaks School（男女校）是該區極受歡迎的私立寄宿學校。

- 根德大學（University of Kent）除了於根德設有校園外，也有法國巴黎、意大利羅馬、比利時布魯塞爾和希臘的雅典設有分校區。該校較著名的學科為統計學、精算和商學院。

探索優質
中學校區

3 雷丁 Reading

👍👍👍👍

人口：約162,000（截至2021年1月）　　**面積：**約4,040平方公里

區域特色：

- 位於倫敦和牛津之間，是伯克郡（Berkshire）的首府。
- 英國高科技產業的據點，有「英國矽谷」之稱。微軟、甲骨文、威瑞森、惠普、華為等世界級科技企業都落戶在雷丁的商業園區（Thames Valley Business Park），產業以人工智能和數據、金融科技和互聯網為主。
- 在高科技產業的帶動下，該市人口增多，當中近兩成為亞裔和中國人，城市文化較多元。
- 平均樓價為276,130英鎊，較全英平均高12%。每月平均租金為1,236英鎊，較全英平均水平高63%。
- 交通較為擠塞。

教育情況：

- 該地區著名的公立學校為Reading School（男校）和Kendrick School（女校），分別有23%和18%學生考入牛劍兩校，比率在英國公立學校中排名第一和第四。
- Alexandra Road、Kendrick Road及Caversham等地段可說是優秀學校雲集，在Ofsted評估報告中普遍取得Good甚至Outstanding的評級。

4 薩里 Surrey

👍👍👍👍

人口：約1,196,000（截至2021年1月）　　**面積：**約1,670平方公里

區域特色：

- 區內有博克斯山自然保護區（Box Hill natural reserve）和漢普頓宮（Hampton Court Palace）。
- 根據統計，考量英國綜合經濟生活質量和健康因素，該區位列英國宜居排名榜的第11位。

- 平均樓價為572,903英鎊，為全英國平均水平的1.3倍，2015-2020年的5年間增幅不多。平均每月租金為1,919英鎊，為全英平均水平的兩倍。
- 為高生活開支和高薪地區。

教育情況：

- 當地有93%的公立學校取得Ofsted的Good或Outstanding評級，例如St John the Baptist Catholic Comprehensive School（男女校）和Hinchley Wood School（男女校）。
- 當地學校學生獲牛劍兩校錄取的比率甚高，如私立學校Guildford High School（女校）在英國高考排名18，該校學生入讀牛劍的比率為26%。

5 漢普郡 Hampshire
👍👍👍

人口：約1,383,000（截至2021年1月）	面積：約3,680平方公里

區域特色：

- 樸茨茅夫（Portsmouth）和溫徹斯特（Winchester）均位於此區，樸茨茅夫的船塢曾經停靠戰艦英國皇家海軍勝利號（HMS Vistory），而溫徹斯特則是英國古都。

- 該區工時或較長，有29%的居民每週工作超過45小時。
- 該區的居民周收入為536英鎊，每戶可支配收入為20,000英鎊，屬較高水平。
- 2021年平均樓價為268,997英鎊，較全英平均水平高8%，2015-2020年五年間增幅22%。每月平均租金為1,346英鎊，較全英平均水平高40%。

教育情況：

- 當地有93%的公立學校取得Ofsted的Good或以上評級，例如Bohunt School（男女校）。
- 溫切斯特公學（Winchester College）為該區著名的寄宿中學，是英國九大公學之一，該校只收男生。

6 修咸頓 Southampton

👍👍👍

人口：約270,000（截至2021年1月）	**面積：**約73平方公里

區域特色：

- 擁有修咸頓海事博物館（SeaCity Museum）和修咸頓市美術館（Southampton City Art Gallery），當地亦有英格蘭現存歷史最久的中世紀城牆。
- 當地平均樓價為254,931英鎊，接近英國平均水平，五年間增幅不多。每月平均租金為1,387英鎊，較全英平均水平高45%。
- 為富裕的農村地區，根據CACI統計，有近56%的人口屬「非常富裕和舒適」。
- 前往倫敦需超過一小時車程。

教育情況：

- 當地有83%的公立學校取得Ofsted的Good或以上評級，例如St Anne's Catholic School（女校）。
- 區內有修咸頓大學（University of Southampton）。

白金漢郡 Buckinghamshire

👍👍👍

人口：約 809,000（截至 2021 年 1 月） | **面積：**約 1,870 平方公里

區域特色：

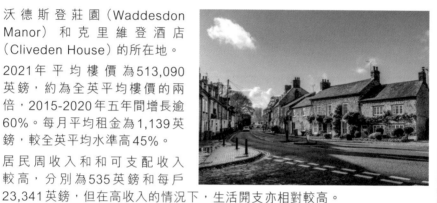

- 沃 德 斯 登 莊 園（Waddesdon Manor）和 克 里 維 登 酒 店（Cliveden House）的所在地。

- 2021 年 平 均 樓 價 為 513,090 英鎊，約為全英平均樓價的兩倍，2015-2020 年五年間增長逾 60%。每月平均租金為 1,139 英鎊，較全英平均水準高 45%。

- 居民周收入和和可支配收入較高，分別為 535 英鎊和每戶 23,341 英鎊，但在高收入的情況下，生活開支亦相對較高。

教育情況：

- 該區有 91% 的公立學校取得 Ofsted 的 Good 或以上評級。

- 私立名校 Wycombe Abbey 有 25% 學生可考入牛劍兩校，且 GCSE 成績常年為該區最佳。

東薩塞克斯郡 East Sussex

👍👍👍

人口：約 845,000（截至 2021 年 1 月） | **面積：**約 1,790 平方公里

區域特色：

- 阿士當森林（Ashdown Forest）是迪士尼「小熊維尼」主角所居住的地方。博迪姆城堡（Bodiam Castle）、布萊頓博物館、美術館，以及七姐妹岩（Seven Sisters）亦是該區著名景點。

- 2021年平均樓價為384,379英鎊，較全英平均水平高55%，2015-2020年五年間增幅為28%。平均每月租金為1,912英鎊，是英國平均租金的兩倍。
- 居民周收入為452英鎊，低於英格蘭東南部平均水平。

教育情況：

- 薩塞克斯大學（University of Sussex）和布萊頓大學（University of Brighton）均位於此。
- 該地區有92%的公立學校取得Ofsted的Good或以上評級。

9 西薩塞克斯郡 West Sussex

👍👍👍

人口：約859,000（截至2021年1月）　　**面積：**約1,990平方公里

區域特色：

- 勞斯萊斯總部的所在地，當地有不少居民為該汽車企業的員工。
- 擁有阿倫德爾城堡（Arundel Castle）、英國皇家植物園之一的韋園（Wakehurst）和安伯利博物館及遺產中心（Amberley Museum & Heritage Centre）。
- 2021年平均樓價為329,729英鎊，高於全英平均水平的33%，2015-2020年五年間增幅為19%。每月平均租金為1,061英鎊，接近英國平均水平。
- 與英國其他較繁華城市相比，當地的夜生活不算豐富。

教育情況：

- 該區有85%的公立學校取得Ofsted的Good或以上評級，例如Bishop Luffa School（男女校）和St Philip Howard Catholic School（男女校）。
- 私立中學Ardingly College（男女校）提供A-Level和IB課程，在2020年，該校學生在A-Level獲得A/A*的比率近55%，在IB考試則考獲平均39.5分，成績不俗。

英格蘭西北部
生活成本相宜

整體教育情況： 不少一流大學坐落於此，包括利物浦大學（University of Liverpool）、曼徹斯特大學（The University of Manchester），以及全英規模最大的法律大學——英國法學大學（The University of Law）。

英格蘭西北部有87%中學取得Ofsted的Good或以上評級，其中獲Outstanding評級的學校有684間。

文化底蘊： 英格蘭西北部的城市如曼徹斯特、利物浦，多擁有實力強勁的英超或其他足球聯賽的球隊。該區亦有不少國家公園，擁有優美的自然風光。

樓價與租金： 與南部相比，西北部的生活開支相對較低。該區2021年平均樓價為207,727英鎊，較全英平均低16%，對比過去五年增長21%。每月平均租金為764英鎊，較全英平均低20%。

探索優質
中學校區

英格蘭西北部
North West England

人口： 約7,052,000（截至2021年1月）
面積： 約14,160平方公里（為英格蘭第三大地區）

主要經濟產業：曼徹斯特是英國第三大城市，利物浦則是英國第六大城市。英格蘭西北部是除南部以外，毛附加價值（Gross Value Added, GVA）最高的地區，不過該地區的失業率亦較高。

城市未來發展方向：曼徹斯特和利物浦是該區經濟的重要推動力量，正逐漸追趕世界金融中心倫敦。

交通：除了擁有像倫敦一樣發達的交通網絡外，英格蘭西北部還因為地理優勢而擁有不少港口城市以及大大小小的湖泊。

基礎設施：政府有意興建高鐵連結倫敦以及英格蘭西北部，未來的基建資源主要投放在鐵路發展。

熱門校區介紹

1 曼徹斯特城 Manchester City

人口：約553,000（截至2021年1月）	**面積：**約4,740平方公里

區域特色：

- 曼徹斯特是英國第二大城市，亦是第二大經濟區域。這個城市是國際交通樞紐，亦為商業、工業、文化中心，其創意媒體行業在歐洲亦赫赫有名。在Geomiq.com 2020年獲選為英國最具創新精神城市。

- 足球氣圍濃厚，坐擁曼城和曼聯兩支優秀英超球隊。

- 2021年平均樓價為211,503英鎊，較全英平均水平低14%，過去五年增幅為31%。每月平均租金為1,185英鎊，較全英平均水平高20%。

- 根據統計，當地為英國開抗抑鬱處方藥第二多的城市，在當地生活的精神壓力或較大。

教育情況：

- 當地有91%的公立學校取得Ofsted的Good或以上評級，並擁有著名的文法學校Manchester Grammar School。

- 當地的曼徹斯特大學（The University of Manchester）屬羅素集團大學。

2 特拉福德 Trafford, Greater Manchester

人口：約237,000（截至2021年1月）	**面積：**約110平方公里

區域特色：

- 擁有曼聯博物館和曼聯體育場，還有曼徹斯特海洋生物水族館（Sea Life Manchester）和樂高樂園探索中心（Legoland Discovery Centre）。

- 2021年平均樓價為241,741英鎊，過去五年（2015-2020年）增長59%。每月平均租金為937英鎊，與英國平均水平相若。

- 該區歷史不算悠久，工業化痕跡不多，仍保有濃厚的鄉村風味。但媒體、廣告和公共關係的相關產業發展較迅速。

教育情況：

- 特拉福德地方教育局在2014年英國課程評估（National Curriculum Assessment）中表現優異，排列全英第二，當地有95%的公立學校取得Ofsted的Good或以上評級。
- 該區著名公立中學有Altrincham Grammar School for Girls（女校）、Loreto Grammar School（女校）和Altrincham Grammar School for Boys（男校）。

3 蘭開夏郡 Lancashire

👍👍👍👍

人口：約1,298,000（截至2021年1月） | **面積：**約3,080平方公里

區域特色：

- 坐落着哈里斯博物館（Harris Museum）、布萊克浦塔（The Blackpool Tower）和蘭開斯特城堡（Lancaster Castle）。
- 2021年平均樓價為179,314英鎊，較全英平均水平低28%，然而過去五年間增幅達78%。每月平均租金為775英鎊，較全英平均水平低19%。
- 當地經濟不算好，就業率偏低，只有約69%。

教育情況：

- 當地有90%的公立學校取得Ofsted的Good或以上評級，當地有4所文法學校，分別為Clitheroe Royal Grammar School（男女校）、Lancaster Royal Grammar School（男女校）、Bacup and Rawtenstall Grammar School（男女校）和Lancaster Girls' Grammar School（女校）。
- 蘭開斯特大學（Lancaster University）位於此郡。

4 利物浦 Liverpool

人口：約498,000（截至2021年1月） | **面積：**約110平方公里

區域特色：

- 坐擁利物浦和愛華頓兩支優秀英超球隊。
- 2021年平均樓價為170,183英鎊，較全英平均水平低31%，五年間增幅為27%。每月平均租金為853英鎊，低於全英平均水平11%。
- 英國報紙Metro將利物浦評為2019年英國友好城市第四位。
- 該市就業率偏低，僅59%。

教育情況：

- 當地有80%的公立學校取得Ofsted的Good或以上評級。The Blue Coat School Liverpool（男女校）成立於1708年，是利物浦、以至全英國最好的文法學校之一。
- 利物浦共有4所大學，分別是利物浦大學（University of Liverpool）、利物浦約翰摩爾斯大學（Liverpool John Moore University）、利物浦希望大學（Liverpool Hope University）及利物浦熱帶醫學院（Liverpool School of Tropical Medicine），其中利物浦大學是屬於羅素集團的研究型重點大學。

5 博爾頓 Bolton, Greater Manchester

人口：約128,000（截至2021年1月） | **面積：**約55平方公里

區域特色：

- 當地建有博爾頓蒸汽博物館（Bolton Steam Museum），每年還會舉辦博爾頓美食節。
- 2021年平均樓價為181,926英鎊，較全英平均水平低26%，五年間增幅為38%。每月平均租金為636英鎊，較全英平均水平低33%。

- 位於英國境內許多主要道路上，交通方便。
- 該區平均工資仍低於20,000英鎊，低於英國29,000英鎊的平均水平。

教育情況：

- 博爾頓面積雖小，卻有23間Outstanding評級學校，例如Canon Slade C of E School（男女校）和Thornleigh Salesian College（男女校）。

6 坎布里亞 Cumbria
👍👍👍

人口：約499,000（截至2021年1月）	面積：約6,770平方公里

區域特色：

- 位於湖區，為湖區國家公園、溫德米爾湖區（Windermere）和奧斯湖（Ullswater）的所在地。
- 2021年平均樓價為187,183英鎊，較全英平均低24%，過去五年增幅不大。每月平均租金為579英鎊，較全英平均低40%。
- 該區入選了星期日泰晤士報（The Sunday Times）的2020十大宜居地區。
- 社交活動不算豐富。

教育情況：

- 當地有87%的公立學校取得Ofsted的Good或以上評級，包括Queen Elizabeth Grammar School Penrith（男女校）和Keswick School（男女校）。

- 坎布里亞大學（University of Cumbria）由聖馬丁學院、坎布里亞藝術學院和中央蘭開夏大學的多個坎布里亞區校園合併而成，開設語文、藝術、商業、社會科學、法律、運動等學位課程。

7 柴郡西部和切斯特 Cheshire West and Chester

人口：約343,000（截至2021年1月） **面積：**約920平方公里

區域特色：

- 擁有切斯特大教堂（Chester Cathedral）、德拉米爾森林（Delamere Forest）和切斯特城牆（Chester City Walls）。

- 柴郡整體平均樓價為283,595英鎊，較全英平均水準高15%，五年間增幅為22%。平均租金為每月1,105英鎊，較全英平均水準高15%。

- 為金三角（Golden Triangle）所在地，該地帶包含一片富裕的城鎮和村莊。但因大部分地方仍為鄉村，因此生活上不及城市方便。

教育情況：

- 該區共有22%的公立學校取得Outstanding評級，比率為全英第五高。獲Outstanding評級的名校包括Christleton High School（男女校）和Bishop Heber High School（男女校）。

英格蘭東部
悠然宜居

整體教育情況：擁有著劍橋大學（University of Cambridge）和東英吉利大學（University of East Anglia）。

中學方面，英格蘭東部高達85%的學校取得Good 或以上評級。教育質素處於平均水平，其中以劍橋大學所處的劍橋郡（Cambridgeshire）尤為著名。

文化底蘊：英格蘭東部曾為東英吉利王國所統治，對英國有重要的歷史價值和意義。

樓價與租金：平均樓價為335,000英鎊，較全英平均水平高35%，五年間增幅為22%。每月平均租金為961英鎊，與英國平均水平相若。

英格蘭東部
East England

人口：約6,235,000（截至2021年1月）
面積：約19,120平方公里

主要經濟產業： 經濟上嚴重依賴服務業，特別是金融服務業。汽車製造、製藥、資訊和通信技術產業也十分活躍。

城市未來發展方向： 英格蘭東部為英國第三大繁榮地區。大多數大學畢業生會留在東部就業，另有25%會前往倫敦，以及10%前往東南部。

交通： 是國際交通樞紐，於埃塞克斯郡境內有倫敦三大機場之一的倫敦斯坦斯特德機場（London Stansted Airport）。

基礎設施： 該地區處於沿海地帶，多見農村和集市城鎮，另有一些中等規模的都市。基礎設施完善，帶動商業及就業發展。

探索優質
中學校區

熱門校區介紹

1 劍橋郡 Cambridgeshire

👍👍👍👍👍

| 人口：約654,000（截至2021年1月） | 面積：約3,050平方公里 |

區域特色：

- 劍橋郡滿是中世紀校園建築和公園，知名景點包括數學橋（Mathematical Bridge）、國王學院禮拜堂（King's College Chapel）、植物園（Botanic Garden）和菲茨威廉博物館（The Fitzwilliam Museum），郡內也有新穎且現代化的商場、運動場等。

- 2021年平均樓價為510,383英鎊，較全英平均水平高106%，不過過去五年間並沒有明顯增幅。每月平均租金為1,053英鎊，較全英平均水平高10%。

- 交通方便，一小時內可抵達倫敦。騎單車亦是劍橋郡普遍的出行方式。

- 生活開支較高，四人家庭平均每月支出為2,392英鎊（未計租金），為英國生活成本第四高的城市。

教育情況：

- 除了劍橋大學，劍橋郡的中小學亦極富盛名，例如公立預科中學 Hills Road Sixth Form College（男女校）被稱為「牛劍的搖籃」，也有優秀私校如 Stephen Perse Foundation（男女校）、Perse Upper School（男女校）等。

2 貝德福德郡 Bedfordshire

人口：約669,000（截至2021年1月） | **面積：**約1,240平方公里

區域特色：

- 野生動物園頗多，如惠普斯奈德動物園（ZSL Whipsnade Zoo）和沃本野生動物園（Woburn Safari Park），還有位於盧頓（Luton）的韋斯特公園（Wrest Park）。

- 2021年平均樓價為315,828英鎊，較全英平均水平高28%，過去五年增幅達32%。每月平均租金為805英鎊，較全英平均水準低16%。

- 該郡曾票選為2018年星期日泰晤士報（The Sunday Times）東部宜居地區第二名。

- 郡內重鎮盧頓曾被評為「英國最骯髒城市」（The dirtiest town in Britain），但是據《星期日泰晤士報》報導，盧頓的兩個村莊亦被評為英格蘭東部最受歡迎的十大地點之一，英國人對該鎮的印象相當具爭議。

教育情況：

- 25%的公立學校取得Outstanding評級，比率為全英第四高，著名公立中學包括Harlington Upper School（男女校）和Vandyke Upper School（男女校）。

3 赫爾福德郡 Hertfordshire

人口：約1,184,000（截至2021年1月） | **面積：**約1,640平方公里

區域特色：

- 為華納兄弟影城李維斯登（Warner Bros. Studios Leavesden）、納貝沃思宅第（Knebworth House）和希欽薰衣草花田（Hitchin Lavender）的所在地。

- 該地區環境優美，文化上充滿活力，被太陽報（The Sun）評為英國最宜居地區之首。

- 2021年平均樓價為552,321英鎊，較全英平均水平高123%，五年間增幅亦達32%。平均租金為每月1,351英鎊，較全英平均水平高41%。
- 居民普遍收入較高，生活開支亦相對較高。

教育情況：
- 該區有26%的公立學校取得Outstanding評級，比率為全英第三高。
- 該區著名公立中學如Watford Grammar School for Girls（女校）、Dame Alice Owen's School（男女校）等為部分精英制學校（Partially Selective），即某個百分比的取錄學生會以其成績而定。

4 埃塞克斯郡 Essex

人口：約1,833,000（截至2021年1月） **面積：**約3,670平方公里

區域特色：
- 每四年舉行鄧莫煙燻豬肉考驗（Dunmow Flitch Trials）。英國所有的已婚夫婦通過重重測試，獲得一位法官以及由6位未婚女性和6位單身漢所組成的陪審團認可夫婦相處融洽後，可以贏取煙燻豬肉。
- 該地區還有科爾切斯特城堡和動物園。
- 2021年平均樓價為380,120英鎊，較全英平均水平高54%，五年間增幅為28%。每月平均租金為1,186英鎊，較全英平均水平高24%。
- 就業率達74%，其中一半從事全職工作，高於英國平均水平。
- 生活開支亦較高，同時該地區的汽車保險費亦相當昂貴，約525.2英鎊。

教育情況：
- 該區有89%的公立學校取得Ofsted的Good或以上評級，比率為英格蘭東部最高。著名公立中學有King Edward VI Grammar School（男女校）、Colchester County High School for Girls（女校）和Colchester Royal Grammar School（男校）等。

- Brentwood School 是該區一所大型寄宿學校，自1557年建校起，至今數百年培育了不少人才。該校在小學階段會實施男女混合教育，Year 7至Year 11安排男女生分班上課，預科階段則再採取男女混合上課。學校提供A-Level及IB課程。
- 埃塞克斯大學（University of Essex）在2018年獲泰晤士高等教育評為年度大學（University of the Year）。

5 諾福克郡 Norfolk

人口：約904,000（截至2021年1月）	**面積**：約5,370平方公里

區域特色：

- 桑德林漢姆（Sandringham）、諾里奇城堡博物館、美術館以及諾里奇大教堂的所在地。
- 2021年平均樓價為290,722英鎊，較全英平均水平高18%，五年間增幅為29%。每月平均租金為1,110英鎊，較全英平均水平高16%。
- 《泰晤士報》（*The Times*）將諾福克郡的諾里奇鎮（Norwich）評選為2020年英國最宜居地區之一。
- 若以平均收入為參考，諾福克郡的生活開支略高於英國平均水平。

教育情況：

- 有84%的公立學校取得Ofsted的Good或以上評級，包括Wymondham College（男女校）、Notre Dame High School（男女校），在GCSE考獲5級的比例過60%。
- 私立學校Norwich School（男女校）建於1096年，是英國歷史最悠久的學校之一。

6 薩福克郡 Suffolk

👍👍👍

人口：約759,000（截至2021年1月）　**面積：**約3,800平方公里

區域特色：

- 為法蘭林漢姆城堡（Framlingham Castle）、薩頓胡（Sutton Hoo）和索思沃爾德碼頭（Southwold Pier）等著名景點的所在地。
- 2021年平均樓價為301,863英鎊，較全英平均水平高22%，五年間增幅為23%。每月平均租金為906英鎊，較全英平均水平高6%。
- 從主要城鎮伊普斯維奇（Ipswich）出發乘火車前往倫敦，只需一小時。

教育情況：

- 該郡有80%的公立學校取得Ofsted的Good或以上評級，如Farlingaye High School（男女校）和Hartismere School（男女校）。
- 雖然該郡沒有文法學校，不過毗鄰劍橋郡，也有更為頂尖的院校可供選擇。

其他熱門城市

1 英格蘭東北部 紐卡素 Newcastle, North East England 👍👍👍

人口：約303,000（截至2021年1月）	**面積：**約115平方公里

區域特色：

- 為北方生活博物館（Living Museum of the North）、北方天使（Angel of the North）、蓋茨黑德千禧橋（Gateshead Millennium Bridge）和紐卡斯爾城堡的所在地。

- 2021年平均樓價為185,236英鎊，較全英平均水平低22%，五年間增幅為16%。每月平均租金為1,043英鎊，較全英平均水平高9%。

- 曾被評為英國最幸福城市第四位。

- 紐卡素正由傳統工業轉向現代工業，故引發了犯罪率上升的問題。

教育情況：

- 94%的公立學校取得Ofsted的Good或以上評級，例如St. Mary's Catholic School（男女校）和Emmanuel College（男女校）等。

- 紐卡素大學（Newcastle University）是「紅磚大學」和羅素大學集團成員之一。

2 西米德蘭 伯明翰 Birmingham, West Midlands
👍👍👍

人口：約1,142,000（截至2021年1月）	**面積：**約268平方公里

區域特色：

- 有着悠久的古典音樂、爵士樂和流行音樂歷史，故市內多見劇院和歌劇院。
- 25歲以下人口佔城市總人口40%，為歐洲最年輕城市。
- 2021年平均樓價為219,772英鎊，較全英平均水平低11%，然而過去五年增幅達32%。每月平均租金為1,143英鎊，較全英平均水平高19%。
- 為英國可支配收入最低的十二大城市之一，約13,575英鎊，不過伯明翰的生活開支亦不算高。

教育情況：

- 當地有84%的公立學校取得Ofsted的Outstanding評級，包括3所女校King Edward VI Camp Hill School for Girls、Sutton Coldfield Grammar School for Girls、King Edward VI Handsworth School和3所男校Bishop Vesey's Grammar School、King Edward VI Camp Hill School for Boys、King Edward VI Aston School。
- 當地學術成績優異的私立中學為King Edward VI High School for Girls（女校）和King Edward's School - Birmingham（男校）。
- 伯明翰大學（University of Birmingham）是英國第一所「紅磚大學」，亦是羅素大學集團成員之一。

3 東米德蘭 諾丁漢 Nottingham, East Midlands

👍👍👍

人口：約788,000（截至2021年1月）　**面積：**約75平方公里

區域特色：

- 歷史悠久的蕾絲市場（Lace Market）、諾丁漢城堡（Nottingham Castle）和國家司法博物館（National Justice Museum）均位於此。
- 2021年平均樓價為217,716英鎊，較全英平均水平低12%，五年間增幅為29%。
- 交通較為方便，市內巴士、電車路線齊全，前往倫敦只需90分鐘。
- 家庭可支配收入偏低，僅為每年11,757英鎊，不過該區的生活開支並不高。

教育情況：

- 當地有15間公立學校取得Ofsted的Outstanding評級，包括3所男女校 The West Bridgford School、Toot Hill School和Rushcliffe School，3所學校的學生在GCSE考獲5分或以上的比率均逾60%。
- 諾丁漢大學（University of Nottingham）是「紅磚大學」和羅素大學集團成員之一。

4 英格蘭西南部 布里斯托 Bristol, South West England

👍👍👍

人口：約463,000（截至2021年1月）　**面積：**約110平方公里

區域特色：

- 為布里斯托浮港（Bristol Floating Harbour）、聖瑪麗紅崖教堂（St. Mary Redcliffe）和布里斯托大教堂（Bristol Cathedral）的所在地。
- 2021年平均樓價為349,658英鎊，較全英平均水平高41%，五年間增幅為34%。每月平均租金為1,703英鎊。

- 曾被評為英國第三大最具創新城市。
- 犯罪率較高，為每千人有177宗罪案，幾乎是全國平均水平的兩倍，且罪案多發生在市中心區域。

教育情況：

- 有28間公立學校取得Ofsted的Outstanding評級，例如Redland Green School（男女校）和Bristol Cathedral Choir School（男女）。
- 布里斯托大學（University of Bristol）建於1876年，是「紅磚大學」和羅素大學集團成員之一。該大學在各大排名中穩居英國大學十強。

5 英格蘭東北部 杜倫 Durham, North East England
👍👍👍

人口：約887,000（截至2021年1月）　**面積：**約2,720平方公里

區域特色：

- 市內景點包括已被列入世界文化遺產的杜倫大教堂（Durham Cathedral）和杜倫城堡（Durham Castle）。杜倫大學植物園（Durham University Botanic Garden）亦是知名景點。
- 2021年平均樓價為196,111英鎊，較全英平均水平低21%，五年間樓價下降了11%。每月平均租金為880英鎊，較全英平均水平低8%。
- 該城市的平均每週收入為452.1英鎊，每週生活開支為48英鎊，均低於英國平均水平。

教育情況：

- 47間公立學校取得Ofsted的Outstanding評級，例如Durham Johnston Comprehensive School（男女校）和Teesdale School and Sixth Form（男女校）。
- 杜倫大學（Durham University）是英格蘭第三古老的大學，與劍橋大學和牛津大學一樣，杜倫大學是英國僅有的三所書院聯邦制大學之一。

6 蘇格蘭 阿伯丁 Aberdeen, Scotland

人口：約 197,000（截至 2021 年 1 月） **面積：**約 190 平方公里

區域特色：

- 坐落着阿伯丁海事博物館（Aberdeen Maritime Museum）、達西公園（Duthie Park）和阿伯丁美術館（Aberdeen Art Gallery）。
- 2021 年平均樓價為 167,060 英鎊，較全英平均水平低 32%。每月平均租金為 631 英鎊。
- 為英格蘭以外普華永道都市增長指數排名之第一位。
- 城市生活可能較為乏味。

教育情況：

- 公立中學 Banchory Academy、Cults Academy、Aberdeen Grammar School 和 Westhill Academy 的 GCSE 成績表現不錯。
- 阿伯丁大學（University of Aberdeen）是中世紀時期建立的四所蘇格蘭古大學之一。

7 蘇格蘭 愛丁堡 Edinburgh, Scotland

人口：約 901,000（截至 2021 年 1 月） **面積：**約 260 平方公里

區域特色：

- 為愛丁堡城堡（Edinburgh Castle）、皇家英里大道（Royal Mile）和蘇格蘭國家博物館（National Museum of Scotland）的所在地。
- 2021 年平均樓價為 336,706 英鎊，較全英平均水平高 36%。每月平均租金為 1,231 英鎊，較全英平均水準高 28%。
- 巴士系統非常便利，城市中大部分地方均有巴士路線覆蓋。
- 犯罪率偏高，為每千人有 106 宗罪案。

教育情況：

- 私立寄宿中學Fettes College（男女校）建於1870年，被譽為「蘇格蘭的伊頓公學」。該校跟循英國的教育制度，學生可選擇修讀GCSE、A-Level或IB課程，而非蘇格蘭標準考試。
- 擁有愛丁堡大學（The University of Edinburgh）和赫瑞瓦特大學（Heriot-Watt University）兩間名校。

8 威爾斯 卡迪夫 Cardiff, Wales

👍👍👍

人口：約364,000（截至2021年1月） | **面積**：約140平方公里

區域特色：

- 為威爾斯首府，卡迪夫亦被稱為購物之城（City of Arcades），並曾於2009年和2014年兩度獲得「歐洲體育之都」的稱號。
- 有卡迪夫城堡和卡迪夫海灣。
- 2021年平均樓價為295,890英鎊，較全英平均水平高20%，五年間增幅為12%。每月平均租金為1,213英鎊。
- 論城市生活，可能仍未及倫敦豐富。

教育情況：

- 私立中學Cardiff Sixth Form College（男女校）享負盛名，該校學生在英國A-Level考獲A/A*的比例逾90%，排名全國第二。
- 獲得Estyn（威爾斯的學校監管機構）頒發Excellent評級的公立中學有Cardiff High School（男女校）、Bishop Of Llandaff Church In Wales High School（男女校）和Stanwell School（男女校）。
- 卡迪夫大學（Cardiff University）在泰晤士報英國大學排名榜中位列第34位。

CHAPTER 5

邁進英國
頂尖大學

牛津劍橋
惺惺相惜

牛津大學和劍橋大學享負盛名,且自成一格,不少人會將牛津與劍橋相提並論,合稱為 Oxbridge(牛劍)。根據《牛津英語詞典》的記錄,Oxbridge 一詞最早出現在威廉‧薩克萊(William Thackeray)於 1850 年出版的小說《潘登尼斯》(Pendennis),後來逐漸取代 Oxford and Cambridge 此稱呼。牛劍是頂尖學術殿堂,但千萬別認為這兩所大學高不可攀!事實上,不少高材生都低估了自己的水平,放棄入讀這兩所名牌大學的機會,十分可惜。由於報考時,牛津和劍橋只能二選其一,不能同時申請,因此羽一將從不同方面,為大家破除迷思,展現真實的牛津和劍橋大學面貌,讓大家瞭解這兩所名校的特點,以及自己適合哪一所學校。

牛津大學位於倫敦以西約 70 公里的牛津郡,而劍橋市則距離倫敦約 80 公里。若從倫敦搭乘火車,一小時內可抵達兩地。牛津和劍橋同為一流學府,但所在的環境大不相同,人言牛津是「城市在大學中」,大學沒有圍牆,學院分散城內各處,城市街道貫穿校園,學校與城市融為一體;劍橋則是「大學在城市中」,各所學院非常集中,形成了一個核心區域,市中心幾乎都是大學學院,往來校園各處交通較便利。

此外,牛津和劍橋兩校的中世紀建築著實亮眼,但牛津大學的建築物以當地的砂岩來建築,風格較為古樸及統一,《哈利波特》系列電影中的霍格華茲大禮堂,正是取景於基督堂學院的飯堂。至於劍橋大學,建築群風格各異,建築物料亦各不相同,各具特色。

牛劍優點與「小瑕疵」

圖表5.1　牛劍獨特優勢及「小瑕疵」

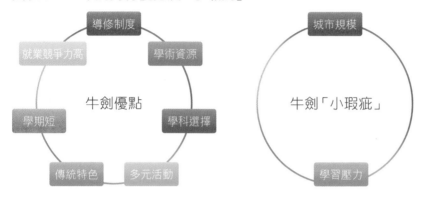

☺ 導修制度 師生比例最多1:2

牛津和劍橋大學採用的導修制度，是奠定其一流學府地位的重要基礎。每位教授（導師）會對1-2名學生，集中進行個人輔導。這個每班只有兩名學生的「導修課」，牛津稱為輔導課（Tutorials），劍橋則名為監督課（Supervisions）。這種極小班教學可增師生的交流，無論是學術討論，還是向導師請教疑難，都最有效率。

☺ 豐富學術館藏

在牛津和劍橋，至少有兩種類型的圖書館可供獲取學術資源。其一是專業圖書館，資源貼近專業領域，另一個是大學圖書館，可供學生查閱歷史論文，或尋找跨學科的學習資源等，現時館藏更愈趨電子化。此外，學校亦鼓勵學生買書閱讀，例如牛津的耶穌學院（Jesus College），分別為研究生和學士學生提供每年180鎊和250鎊的購書津貼（book grants）。

☺ 鼓勵跨科研究 學習靈活

牛津和劍橋十分鼓勵跨科研究，學習更為靈活，在 Year 3 的時候，學生可以選擇跨科學習，譬如一個歷史系學生可以研究文學或經濟，地理系學生可以學習其他專業範疇，攻克相關難題，甚至可與其他學系學生合作，集各家之長，未來的職業或學術發展帶來更多機會。

☺ 保留歷史傳統

牛津和劍橋依然保留悠久的歷史傳統，譬如一些學院的餐廳，還保持着修道院作風，會以座位區分學者和普通學生，凸顯不同階級。又如在某些學院上課時，需穿上黑袍，並以中世紀的舊規矩進行考試、開學典禮或畢業典禮。在崇尚雄辯的牛津大學，還會頻繁舉辦講座或研討會，讓全校師生平等參與，暢所欲言。

☺ 多元化課外活動

牛津和劍橋大學的另一教育核心是鼓勵學生參與豐富的課外活動，例如體育、藝術或學術相關的競賽、社團活動等。

兩校最為人所知的實非賽艇和辯論莫屬。牛劍每年一度在泰晤士河舉行的賽艇比賽，已有超過 190 年歷史。而辯論方面，以崇尚雄辯之風為背景的牛津聯盟（The Union），也是聲名顯赫。此外，無論是劇社、管弦樂隊還是合唱團，在牛劍雄厚資金的支持下，可為學生的多元藝術發展提供專業指導，讓他們踏足世界舞台。當然，在平日的大學酒吧中，輕鬆歡樂的「開咪之夜」（Open Microphone Nights）可讓學生展現風采。劍橋在每學年結束時舉辦的「五月舞會」（May Balls），更是一年一度的盛會。

☺ 學期短

兩校的學期均短，牛津和劍橋一年有3個學期，每個學期僅有8周，中間為聖誕節、復活節和暑假所隔開，學生有更多時間走出校園，可選擇參加學術會議，或修讀海外專業課程（大學會提供財政支援），又或是成為交流生前往其他大學。或參與實習，從不同方面提升自己。

☺ 畢業生就業競爭力高

根據2020年QS畢業生就業競爭力排名，劍橋大學畢業生的就業競爭力位列全球第八，牛津位列第十，深受世界各地頂級僱主青睞。而牛津和劍橋的就業援助部，會為應屆畢業生提升職業技能，譬如學習撰寫簡歷作或操練企業面試技巧等，校友亦會提供幫助，再加上不少企業會定期於校園舉行講座或招聘會，就業前景甚佳。如果學生有意深造，牛津和劍橋的學術氣氛濃厚，在畢業前通常會撰寫論文或從事專題研究，有助熟悉學術圈，為未來成為研究生打好基礎。

☹ 學習壓力大 課業繁重

牛津和劍橋的一個學期僅有8周，期間要準備功課和論文，閱讀大量學術資料，即便是優等生，也頗感壓力。尤其是在輔導／監督課的模式下，學生難有混水摸魚的可能性，「學期初鬆懈導致進度落後，期望在學期尾奮力追上」的情況基本不存在。因此，面對充滿挑戰和壓力的學習生活，以及同學之間的競爭，必須做好心理準備。

☹ 城市規模小 日常生活較單調

無論是牛津還是劍橋大學，其所在地都不是大城市。牛津大學的各所學院分散在城市中，而劍橋大學所在市鎮，規模比牛津更小。如果你熱衷於多姿多采的大城市生活，可能不宜前往牛津或劍橋，應選擇到倫敦、曼徹斯特、伯明翰、愛丁堡等大城市中的院校學習。

牛津大學 人文學科塔尖

牛津大學是英語世界中歷史最悠久的大學，早在1096年便有教學記錄留存，是一所不折不扣的千年老校。1167年，亨利二世（Henry II）下令禁止英國學生就讀巴黎大學，加上一批學者遷居牛津，令牛津大學迅速發展。最初牛津成立了3個學院，並設有神學、法律、醫學和藝術課程，成為當時的歐洲學術中心之一。不僅如此，往後英國的文藝復興和宗教改革中，牛津也起了重要作用。其後，18世紀末英國因工業革命而引發教育革命，促使牛津、劍橋走向非宗教化和非貴族化，從傳授經院哲學到古典學，再到如今積極拓展現代人文學科以及自然科學的研究領域，令牛津經歷千年的洗禮依然能夠煥發生機。

牛津大學同樣擁有輝煌的歷史和學術成就，至今誕生了69位諾貝爾獎得主、26位英國首相、3位菲爾茲數學獎得主，6位圖靈獎得主。這些優秀的牛津人（Oxonians），包括三位菲爾茲數學獎得主米高‧阿蒂亞（Michael Atiyah）、丹尼爾‧奎倫（Daniel Quillen）和西蒙‧唐納森（Simon Donaldson）；經

濟學家阿爾弗雷德・馬歇爾（Alfred Marshall）；作家約翰・福爾斯（John Fowles）、C・S・路易斯（Clive Staples Lewis）、奧斯卡・王爾德（Oscar Wilde）；演員曉・格蘭特（Hugh Grant）、羅溫・艾金森（Rowan Atkinson）；運動員比爾・布拉德利（Bill Bradley）、馬修・平森特（Matthew Pinsent）等。此外，牛津還是多國政要的母校，如荷蘭國王威廉二世（Wilhelm II）、美國總統比爾・克林頓（William Clinton）、泰國總理阿披實・威差奇瓦（Aphisit Wetchachiwa）等。

三大優勢學科

一直以來，世人普遍認為牛津在藝術和人文科學領域比劍橋更好，當然，要想精確地比較牛津、劍橋的單一專業排名，可參考第三方機構提供的大學專業排名，如QS世界大學排名（Quacquarelli Symonds World University Rankings）、最佳大學指南（The Times Good University Guide）等的每年最新榜單，也可詢問在讀學生或畢業生。根據2021年QS世界大學學科排名，牛津大學在人類學（Anthropology）、解剖和生物學（Anatomy and Physiology）、英語語言和文學（English Language and Literature）、地理學（Geography）、藥劑和藥理學（Pharmacy）、藝術與人文範疇（Arts and Humanities）均為世界第一，雖說排名不代表學校的一切，不過經第三方機構客觀評估而總結的排名榜，令我們對某校的科系、師生比例、教學質量、學生滿意度等能有大概認知，家長和學生不妨將其視為認識一所大學的第一步。

1. 政治、哲學和經濟學

牛津開創性的哲學、政治和經濟學（Philosophy, Politics and Economics，簡稱PPE）課程可說是「神科」中的「神科」，曾有教育學者評論為全球最難及「含金量」最高的學士課程。

課程以靈活見稱，學生完成第一學年後可拓展至不同的學術分支，譬如選擇專攻其中兩個範疇，或是繼續廣泛涉獵PPE三個範疇。從課程結構而言，政治課程讓學生瞭解政治制度對現代社會的影響，從而理解政治的本質；哲學則強調分析、批判或邏輯的嚴謹性；至於經濟學，主要研究消費者、企業和政府三方在資源分配的各種決策。

數十位國家元首及世界級頂尖領袖，如英國前首相大衛·卡梅倫（David Cameron）、美國前總統比爾·克林頓（Bill Clinton）等均是PPE的畢業生。該課程的畢業生從事金融、政治、新聞和廣播、法律、工業、教育、社會工作、廣告和公共服務等不同領域，職業發展可謂相當廣闊。

2. 英語語言文學

作為全英最大的英文系，牛津大學的英語語言和文學（English Language and Literature）課程，位居QS2021專業排名的榜首。課程內容涉及文學與革命（Literature and Revolution）、後殖民文學（Postcolonial Literature）、寫作生活（Writing Lives）、古諾斯語（Old Norse）、悲劇和電影批評（Tragedy and Film Criticism）等領域。目前該課程的畢業生大多從事法律、廣告出版、演藝、政治、教育、公共關係、新聞、金融、寫作等範疇，在不同領域都有一展身手的機會。

3. 醫學

牛津大學的醫學系（Medicine）在QS2021專業排行榜名列世界第二，學生完成3年的醫學榮譽學士學位，掌握病理及解剖學相關知識後，會進入3年臨床學習。雖然牛津大學的醫學院規模不大，但是學生和導師間關係密切，交流頻繁。除了常規以2至4名學生組成的小型輔導班，臨床學習階段會由實戰經

驗豐富、經NHS信託基金會認證的臨床醫師，以及當地的保健醫生進行教學。

牛津的內外全科醫學士（BM BCh）的畢業生可獲普通醫學委員會（GMC）臨時註冊，並取得執業許可證，為專業發展奠定基礎。

學生分享　牛津學生從不懈怠

「在我們這裡，你必須不停奔跑，才能留在原地；如果你想前進，那必須跑得比現在快兩倍才行。」——《愛麗絲夢遊仙境》

牛津就是這麼一個地方。當新興的「愉快學習」教育理念席捲部分國家的時候，老派、自信、嚴謹、精益求精的牛津教育者，依舊堅持他們的信念——如果可以，請學生們努力證明，當初牛津錄取你的決定是正確的；倘若你再能對社會有一點貢獻，那就再好不過了。於是在牛津，學生們從不懈怠，不以此地作為人生終點，不為自己的未來設限。他們說，只管埋頭獲取知識，不必擔心未來，因為他們就是未來、就是希望。他們逐漸知道面對人生選擇時，要從不成熟的「我喜歡」轉變成顧全大局、肩負使命的「我應該」；遇到挑戰時，要以堅定、勇敢和智慧去取締昔日少年心氣。這個成長過程並不容易，但大家並不害怕，皆因我們知道在牛津，想要獲得幫助的人總會得到幫助，或來自師長，或朋輩，或嚴冬下坐在博德利圖書館門口石階上捧著咖啡、閱讀著露絲·貝德·金斯堡（Ruth Bader Ginsburg）自傳的陌生人。

——Nova就讀於牛津大學教育系

劍橋大學 數理學術天堂

劍橋大學成立於1209年，至今已有八百多年的歷史，是全世界歷史第二悠久的英語大學。相傳劍橋大學由一批從牛津大學逃難而來的學者所建立，從1284年成立第一所學院起計算，至今劍橋大學共有31所學院，超過100個學系，當中以三一學院（Trinity College）、國王學院（King's College）、皇后學院（Queen's College）最廣為人知。1536年，亨利八世（Henry VIII）下令大學各學院停止教授經院哲學（Scholastic Philosophy），使大學的教學和研究重點轉移至希臘和拉丁經典、數學和聖經研究，並逐漸發展至現代大學所涵蓋的自然科學和人文學科範疇。

劍橋大學培養出過百位諾貝爾獎得主，劍橋學者在不同領域均獲獎無數，著名學者和校友包括科學家艾碩·牛頓（Isaac Newton）、查爾斯·達爾文（Charles Darwin）、史蒂芬·霍金（Stephen Hawking）；哲學家伯特蘭·羅素（Bertrand Russell）；法蘭西斯·培根（Francis Bacon）、路德維希·維根斯坦（Ludwig Wittgenstein）；經濟學家約翰·凱因斯（John Keynes）；作家威廉·薩克萊（William Thackeray）、克里斯多福·馬羅（Christopher Marlowe）、威廉·華斯禾夫（William Wordsworth）；體育明星鄧亞萍、

哈羅德‧亞伯拉罕斯（Harold Abrahams）；政界有羅伯特‧沃波i爾（Robert Walpole）、小湯瑪士‧納爾遜（Thomas Nelson, Jr.）、愛德華七世（Edward VII）等。

三大優勢學科

從劍橋大學的歷史，你大概可以推斷出其學術強項。劍橋大學注重自然科學的研究，校內半數為數理科學生。事實上，其數理科早在十七至十八世紀已奠定了舉足輕重的地位，在牛頓的影響下，後繼者不斷進行深入的學術研究，大學與私人捐助者亦踴躍建立一系列教授席位，譬如盧卡斯數學教授席位（Lucasian Chair of Mathematics）、普盧米安天文學教授席位等。至於創立於1871年的卡文迪許實驗室（Cavendish Laboratory），其所在的物理系更被譽為諾貝爾獎的搖籃。

劍橋大學還有不少世界頂尖的優勢學科，包括在QS2021專科排名位列世界第一的考古學（Archaeology）和社會人類學（Social Anthropology）；排名世界第二的解剖學和生理學（Anatomy and Physiology）；位列第三的現代語言（Modern Languages）以及藝術與人文（Arts and Humanities），還有位列第四的物理學和天文學（Physics and Astronomy），均屬頂尖學術水平。現時在科學領域，劍橋大學的學術水平無疑領先全球，且有獨特的政治、心理學和社會學（Human, Social and Political Sciences, HSPS）課程。如果你的強項是數理或HSPS，羽一建議你可以劍橋為目標。

1. 人類社會與政治科學

人類社會與政治科學（Human, Social, and Political Sciences, HSPS）屬劍橋大學的特色學科，涵蓋了政治、國際關係、社會人類學和社會學多個

範疇，學生可以根據興趣，專攻其中一門或兩門。該學科既能滿足對特定範疇有興趣的學生，亦適合有意跨學科，尋求取得多學位的學生。從課種結構觀之，政治和國際關係探討國家內部和國家之間的政治，涉及人權、民主、金融危機等議題；社會人類學則研究社會和文化多樣性，深入探討人性本質範疇如政治、國際關係、社會人類學和社會學等；社會學研究權力和社會制度等議題，從而探討現代社會如何塑造我們的生活。修畢HSPS的學生大多從事外交事務、或為弱勢群體爭取權利的政治家、社會問題研究員、甚至刑事專家。

2. 醫學

劍橋大學的醫學系（Medicine）在QS2021大學專科排名位列世界前四，實力強勁。其生物科學學院（School of Biological Sciences）會於大學1至3年級開設實踐課程，而臨床醫學學院（School of Clinical Medicine）則會在4至6年級提供臨床研究。其臨床研究分類細緻，包括核心臨床實踐、專科臨床實踐和應用臨床實踐，環環相扣，直到畢業並取得專業資格。根據The Uni Guide提供的數據，劍橋大學醫學畢業生中，有97%成為了衛生領域的專業人員，平均年薪達32,000英鎊，遠高於英國平均水平。

3. 社會人類學

除了HSPS，劍橋大學亦有提供專修的社會人類學學科（Social Anthropology），其在QS2021大學專科排名中位列世界第一。實地考察（Field Study）或民族志（Ethnography），研究人性（Human Nature），畢業生大多從事與外交、政治、教育、法律相關的工作，都屬具深度的專業。

與世界一流專家學者接觸

我之所以選擇劍橋大學，是因為這裡有專業的課程。我十分榮幸自己最終被劍橋大學醫學系錄取。作為一名醫學生，在劍橋學習的4年間，頂尖的學術培養和職業訓練，都使我對將來成為一個合格的醫生充滿信心。於此同時，能與世界一流的專家學者接觸交流，能一睹當今醫學前沿領域的最新成果和發展，都是無比珍貴的經歷。更不要說這些卓越而親切的教授，還時常提醒着我，要懷着創新的思維，以醫學改變世界。

在我身邊，有許多來自不同國家地區的優秀同齡人，他們都是醫學領域的未來之星，因此營造出全球最頂尖的學術環境，在他們身上，我學到如何讓學習變得有效率、如何管理時間，以及如何運用批判性思維解決問題。

在日常生活上，我們都有充分的機會，參與多元化的活動、享受社交聚會。尤其是與其他學科的精英交流，當中有未來的工程師、科學家、歷史學家、或經濟學家等。雖然志趣、文化、生活背景不同，但我們都能在劍橋找到共同興趣，建立終生的友誼，開闊自己的視野。

如果要我給後輩一些建議，我會希望你們仔細考察心儀的大學，如利用開放日，把握與在校生交流的機會，從而知道這間大學是否能夠幫助你實現學術目標，或是滿足社交需要。譬如我自己，選擇了劍橋，無論是學術上，還是生活上，都讓我行得更遠，使我收穫頗豐。正因如此，我也希望未來的你們，好好把握機會，不要錯過這一段美好的大學生活。

——Benton 就讀於劍橋大學醫學系

CHAPTER
5
邁進英國
頂尖大學

牛劍入學競爭激烈

牛劍的入學程序有別於其他大學。譬如透過英國聯招（UCAS）申請兩校的醫科、牙醫及獸醫科目，通常早在10月中旬已截止，其他院校的報名程序則要到1月。當然，牛劍兩校均為世界頂級名校，入學的競爭對手都是全球各地的精英學生，學生需做好心理準備，因為申請和備戰的過程絕不輕鬆。

圖表5.2　牛劍入學要求

	牛津大學	劍橋大學
高考成績	**A-Level**：A＊A＊A＊至AAA（視乎申請科系） **IB**：最少取得38分，HL科目要求666或766，數學科6或7分皆可	**A-Level**：A＊A＊A＊（理科學系）；A＊AA（藝術學系） **IB**：40至42分，HL科目要求776，其中數學7分
其他要求	大部分課程均有自己的入學試。申請修讀醫學和生物醫學及研究院，更需進行能力測試。	遞交申請後，所有申請學生都必須填寫補充申請表（SAQ）。大部分課程均有自己的入學試，申請數學、物理、計算機、工程等學系，需考第六學期考試卷（Sixth Term Examination Paper, STEP）。

圖表5.3　少於1%A-Level學生能進入牛劍

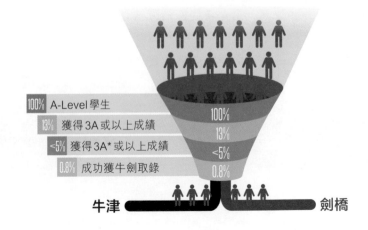

100% A-Level學生 100%
13% 獲得3A或以上成績 13%
<5% 獲得3A＊或以上成績 <5%
0.8% 成功獲牛劍取錄 0.8%

牛津　　　　　　　　　　　　　　劍橋

羽一博士小貼士

AS表現出色　適合申請劍橋

劍橋大學要求透過UCAS申請的學生填寫補充申請表（Supplementary Application Questionnaire, SAQ），以助大學瞭解其學術水平。例如學生須填寫自己在高考課程正修讀什麼科目，以及當中學到的知識。這將幫助面試官決定在面試時提出什麼問題。

在這份SAQ中，學生如修讀IAL，劍橋會要求學生將IAL的AS試卷分數轉換為統一量化的UMS（Uniform Mark Scale）成績分數。UMS分數90%對應IAL的A*，80%對應A，以此類推，40%對應及格。如果你UMS成績相當出色，經大學導師審查確認後，會為入學增添不小的優勢。因此AS表現出色的學生，無疑更適合申請劍橋。

圖表5.4 牛津收生數據

	申請人數	獲取錄（Offer）的人數	最終錄取人數	錄取率
2019年	23,020	3,889	3,280	16.9%
2018年	21,515	3,840	3,309	17.8%
2017年	19,938	3,771	3,270	16.4%
2016年	19,144	3,751	3,262	17.0%
2015年	18,377	3,663	3,216	17.5%

圖表5.5 劍橋收生數據

	申請人數	獲取錄（Offer）的人數	最終錄取人數	錄取率
2019年	19,359	4,694	3,528	24.3%
2018年	18,378	4,559	3,465	24.8%
2017年	17,189	4,485	3,497	20.3%
2016年	16,750	4,307	3,457	20.6%
2015年	16,431	4,253	3,449	21.0%

資料來源：牛津大學、劍橋大學

圖表5.6　牛津學生A-Level成績

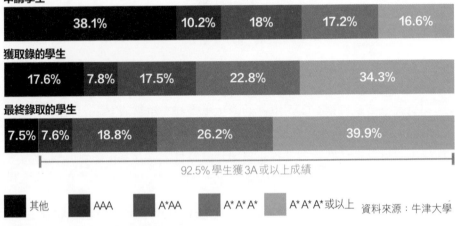

資料來源：牛津大學

圖表5.7　劍橋學生A-Level成績

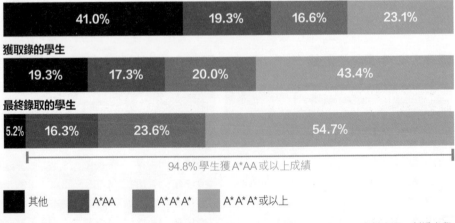

資料來源：劍橋大學

學費與獎學金

圖表 5.8 牛劍 2021/22 學年學費

	牛津大學		劍橋大學	
	英國學生	國際生	英國學生	國際生
學士	£9,250	£26,770~£37,510	£9,250（第一個學士學位） £9,250~£10,998（第二個學士學位）	£22,227~£58,038
碩士*	£8,290~£63,000	£12,223~£63,000	£8,844~£59,000	£22,482~£59,000
博士**	£8,290~£21,760	£21,760~£27,460	£8,844~£80,000	£25,758~£80,000

*劍橋大學 MPhil, MASt, MRes, MLitt, MBA；牛津大學 MSc, MSt, MPhil, MBA
**劍橋大學 PhD, DBA；牛津大學 DPhil（全日制）

資料來源：劍橋大學、牛津大學

牛劍兩校的學費在英國算是相當高昂，學費會因應不同科系而有些微差異。兩校學士課程的學費為每年約9,000英鎊，而海外學生則需付約22,000至58,000英鎊。至於研究生或以上，牛津大學的英國本地生學費約為每年8,000至63,000英鎊，而海外學生則約12,000至63,000英鎊。

英國本地生若就讀劍橋大學的碩士課程，學費介乎8,800至59,000英鎊，博士課程的學費約8,800至80,000英鎊。海外學生的學費則較高。

成績極優，但家庭經濟條件有限制的同學，不妨留意兩所大學的經濟援助政策和獎學金制度。牛津大學為英國本地學生提供總計近800萬英鎊的經濟支援；對於海外學生，牛津同樣設立獎學金，尤其針對來自亞洲的學生。至於劍橋，除了政府提供的經濟資助，大學各院系亦自設獎學金，不過資源較集中於英國學生。

留學的費用通常比較高昂，幸好香港也有不少為準留學生而設的獎學金。報讀牛津劍橋的學生可申請由怡和基金設立的怡和獎學金（Jardine Scholarship Awards）；而香港的劍橋校友會亦組織了菲臘親王獎學金（Prince Philip Scholarship）供劍橋學生申請。

羽一認為，同學具備優秀的學術基礎，只要願意努力，多瞭解牛津及劍橋大學的特色，掌握申請兩大名校及選擇學院的技巧，再加上最重要的一點——有堅定不移進入牛津或劍橋的決心，則毋須過分擔憂學費，只要在學術上表現出色，肯定會獲得豐厚的獎勵，為你的求學之路帶來實際幫助。中二中三的學生也可以及早準備，皆因凡事要想得長遠，才可以一步步邁向精英目標。

牛劍學院
各有風格

牛津大學和劍橋大學同屬學院聯邦制大學，牛津大學由39所獨立學院組成，劍橋大學則有31所成員學院。在聯邦制大學下的學院，就像一個個獨立的小型大學，教授和學生分屬於各個學院。書院不只是學生宿舍，每個學院可自設機構和章程，在招生、任命和管理教職人員、福利等事宜享有極大自治權，甚至擁有獨立的財政來源，有錢的學院能夠提供林林總總的獎助學金。每個學院均有自己的建築、住宿、圖書館、餐廳、活動中心、學生組織和運動隊伍，亦有自己的傳統特色和精神。更加有趣的是，牛劍大學學院之間的關係也相當切，幾乎所學院都對應的姐妹學院（Sister College）。正因如此，我們得以看到牛劍兩校數十所風格各異的學院。

學院是牛劍的核心，也是學生的社交中心，學院不以學系專業劃分，每個學院都有來自不同學系的學生，既有學士，也有碩士和博士生。例如當你入讀劍橋大學醫學系後，不只是屬於醫學系，你還可於選擇成為哪個學院的一份子，你所選擇的學院，決定了你在大學學習期間，與什麼同學學習、生活、住宿、吃飯和社交。學生可以選擇一個自己特質契合的學院，也往往較容易建立感情，並從學院開始建立自己的人際網絡。如想入讀牛劍，必須通過學系和書院面試，方可入學，但家長和學生在報考時，往往忽略選擇學院的重要性。羽一將在下文教大家善用資源，瞭解選擇學院的要點。

自選學院 v.s. 開放式申請

一般而言，同學在申請時自選心儀學院，大學也會為學生提供開放式申請（Open Application），即由校方隨機分配學院。羽一不建議同學採用開放式申請，因為無論是選擇學校、學系還是學院，我們都不應讓別人來為自己的未來下決定，而是要自己經深思熟慮後才選擇。

在選擇學院時，可留意以下3點：

1. 學院規模

各學院的規模不等，頂尖的學院通常具有相當規模，資源雄厚，有更多學生，也有更多可供組織課外活動的場地。不過凡事有利有弊，論人均資源，小規模的學院或會比大學院優勝，競爭亦較少，如學生要申請助學金，成功機會可能更大。

2. 學科規模

由於學院除了提供食宿外，也會分派學系導師。需要注意的是，各學院大都具備文理等主要學科，但又有所側重，各有傳統強項，例如牛津享負盛名的PPE課程就是在貝利奧爾學院（Balliol College）誕生。此外，各學院的規模並不等於其學科規模，究竟選擇在細小圈子裏深造，還是在更大圈子中共享合作，就視乎個人的學習風格。

3. 學院位置

你可以參考大學地圖，確認心儀的學院究竟是位於整間大學的中心，還是邊緣。如位於牛津和劍橋的中心，就較為熱鬧，且臨近大學圖書館、體育場館、餐廳、商店等等，設施齊備，而位於外圍的學院，會相對寧靜，但交通時間也相應更長。

根據羽一的觀察，不少家長或學生都輕視開放日，以致錯過許多重要資訊。譬如從學院內張貼的單張，可瞭解福利津貼、比賽活動等，又譬如每間學院都有介紹學院和收生要求的招生簡章，但當中或有未盡之處，可待開放日時瞭解更多詳情。開放日是認識學院的重要途徑，你應事先歸納出個人對學院的期望，有哪些方面需要考察。實地參觀時，不要忘記多與學院的學生交流，瞭解他們的學習生活或申請技巧，當往後有機會到學院面試時，也可發揮自如。

牛津十大學院

牛津大學由39所獨立學院組成，現有約14,000名教職員和約24,000名學生。大學每年獲得的捐贈基金高達61億英鎊，令各學院都能為學生提供頂尖質素的教學和豐富的課外活動。牛津的面試會以學院為單位發出邀請，羽一建議同學在學院面試日之後逗留數天，因為另一間學院可能於幾天之內亦會邀請進行面試。

圖表5.9　牛津大學學院選擇

1. 貝利奧爾學院 學術經濟實力均雄厚

貝利奧爾學院（Balliol College）創立於1263年，位於牛津大學的中心，交通方便。學院屬於大型學院規模，成員約700人，競爭相對激烈。學院獲大量的財政援助及捐獻，供學者從事學術研究，如學生有財務困難，學院也會提供足夠支援，甚至院長、導師等都會親力親為幫忙。貝利奧爾學院的學術實力雄厚，曾誕生9位諾貝爾獎得主。著名校友包括英國前首相赫伯特・阿斯奎斯（Herbert Asquith）、音樂家約翰・法默爾（John Farmer）、諾貝爾經濟學得獎者彼得・戴蒙德（Peter Diamond）等。

至於學院活動，中心街區的喬伊特小徑（Jowett Walk）有貝利奧爾學院的專屬劇院，舉辦的演出十分精彩。學院設施齊全，如有兩個學生專用體育館，就近的喬伊特小徑也有許多活動場地可供使用，還可在大學生中心（Junior Common Room, JCR）組織團體活動，方便同儕交流。住宿方面，學院給學生提供自由選擇的空間，除第一年住在主校區外，往後可申請位於喬伊特小徑的宿舍，甚至能選擇有獨立洗手間的套房（En-suite），住宿條件相當舒適。

2. 基督堂學院 走入真實霍格華茲

基督堂學院（Christ Church）創立於1564年，位於高街（High Street）轉角處，鄰近購物街穀物市場（Cornmarket）、便利店、超市和百貨。目前學院成員有約700人，頗具規模，競爭十分激烈。著名校友包括英國國王愛德華七世（Edward VII）、英國物理學家羅伯特·虎克（Robert Hooke）、哲學家約翰·洛克（John Locke）等。

此外，基督堂學院人文氣息濃厚，其中傳統而華麗的建築，也是《哈利波特》系列電影中學院餐廳的取景之處，而基督堂畫廊（Christ Church Picture Gallery）保存著達文西、杜勒等藝術家的作品，免費供訪客觀賞。住宿方面，基督堂學院宿位必須抽籤，但學院保證學生於修讀期間可獲住宿，該院學生毋須為住宿而煩惱。

3. 莫德林學院 國際生比例高

莫德林學院（Magdalen College）創立於1458年，位於科學院、醫學院和法學院附近，幾分鐘路程即可行至大學中心。著名校友包括英國國王愛德華八世（Edward VIII）、英國外相傑里米·亨特（Jeremy Hunt）、著名美國記者喬治·威爾（George Will）等。目前學院有成員約600人，競爭較大，其中很大比例屬國際學生，多元文化可謂學院一大特色。

莫德林學院學術實力相當強勁，優秀的教學質素和負責任的教授也廣受學生讚譽。院內圖書館藏書豐富，也會因應學生需求採購新書。各類運動場所、科研設施、住宿宿位均為齊備。坐擁如此豐富資源，莫德林學院會為學生或支援學生舉辦各種活動，如聯誼、拍攝電影、戶外考察、成立運動俱樂部等。值得一提的，是五月一日的學院節慶，當天整個學院師生歡聚一堂、載歌載舞，場面熱鬧。

4. 耶穌學院 每年一次滑雪旅行

耶穌學院（Jesus College）創立於1571年，學生數量偏少，每年新生不足100人，屬中型規模的學院，但競爭仍大。著名校友有英國前首相羅德·威爾遜（Harold Wilson），湯瑪斯·愛德華·勞倫斯上校（Thomas Edward Lawrence）、外交官列奧林·詹金斯（Leoline Jenkins）、作家簡·凱西（Jane Casey）等。由於該學院位於市中心，無論是前往教學區，還是商店食肆，都十分方便。

耶穌學院學生的學術成績位於中上游，學生歸屬感強，院內圖書館24小時開放，院方每年更撥出約30,000英鎊的課外活動資助津貼，更保證學生有三年宿位，以及每年一次的滑雪旅行。

5. 三一學院 學術成績優秀

三一學院（Trinity College）創立於1555年，位於市中心，交通便利。現時有學生400人左右，屬於競爭較大的小型學院。來自三一學院的學生成績普

遍優秀，著名校友包括院物理學家亨利‧莫塞萊（Henry Moseley）、軍醫諾埃爾‧查瓦斯（Noel Chavasse）等。三一學院會為新生分配兩名學院家長（College Parents），協助化解新生學習或生活遇到的難題。學院還有豐富的獎學金和助學金，以及有協助學生解決經濟問題的支援中心。

至於課外活動，三一學院有專屬的壁球場、籃球場和健身房，以及一眾學生社團，不僅有辯論、慈善、攝影等，還有十多個體育隊伍，包括划船、橄欖球、體育舞蹈、極限飛盤等。

6. 皇后學院 適合潛心靜讀

皇后學院（The Queen's College）創立於1341年，目前有學生約500人，屬於中小型學院。雖不及大型學院實力雄厚，但其學術表現出色，連年進步，現已屬牛津大學中的頂尖級別。著名校友包括飾演戇豆先生（Mr. Bean）的羅溫‧艾金森（Rowan Atkinson）、互聯網之父伯納斯‧李（Berners Lee）等等。

皇后學院坐擁舒適環境，位於牛津大學北面High Street區考試院對面，臨近穀物市場，最重要的是學院不對外開放，相當清靜，適合希望保持社交距離的學生。學院各類設施相當齊備，如全年無休的體育館、賽艇中心（Boathouse），以及本科生在讀期間的住宿保證。如果你性格文靜，希望潛心靜讀，皇后學院正是你不錯的選擇。

7. 聖約翰學院 牛津最富有學院

聖約翰學院（St John's College）創立於1555年，位於大學市中心，交通便利，臨近購物中心Tesco。著名校友包括前英國首相安東尼‧布萊爾

（Anthony Blair）、生化學家安妮特‧沙爾文（Annette Salmeen）等。目前學院有學生約600人，屬中型偏大的學院。

它亦是全牛津最富有的學院，除基本的學士學生住宿保證，學院會為所有學生提供一定金額的學術以及旅行津貼，這些學生福利為此學院獨有。論學術成績，聖約翰學院的綜合排名長期處於領先地位，學院圖書館豐富且涵蓋各專業學科的藏書，更珍貴的是館藏來自全世界的名家手稿，供學者研究。此外，聖約翰學院的校園景色優美，學院的音樂和戲劇聞名於世，定期舉辦的專業級演出，免費入場。如果你是音樂或戲劇迷，千萬不要錯過。

8. 新學院 旺中帶靜

新學院（New College）創立於1379年，學生人數超過700，校園面積廣闊，屬於大型學院。著名校友包括美國記者彼得‧卑爾根（Peter Bergen）、前美國國安顧問蘇珊‧賴斯（Susan Rice）。該學院地理位置旺中帶靜，距離市中心只五分鐘路程，但又能避開人潮，給人寧靜的感覺。

新學院是牛津第六富有的學院，新學院的學術表現也十分優異，綜合排名長期領先其他學院，圖書館藏書豐富及美觀，學院在音樂領域亦佔據一席之地。除周三外，學院每晚都有頂級唱詩班的晚禱可供欣賞，其音樂社屬下還有豐富分支，如管弦樂團、合唱團和樂隊，屬業內首屈一指的。

9. 林肯學院 課外活動豐富

林肯學院（Lincoln College）創立於1427年，擁有漂亮的建築景致，它屬小型學院，學生人數不多，每年只有80至90名新生，所以各年級學生關係緊密，猶如大家庭。該學院與宿舍距離較近，且保證學生住宿，學術表現則處

於中游。

林肯學院最具特色的，應是豐富的學院活動，其中包括引起風潮的正念（Mindfulness）課程，屬於心理學的一系列自我調節療法。林肯學院的著名校友包括2000年奧運五項鐵人冠軍史蒂芬妮‧庫克（Steph Cook）、經濟學家約翰‧霍布森（John Hobson）等。

10. 大學學院 牛津歷史最悠久學院

大學學院（University College）創立於1249年，位於市中心的高街之上，是牛津大學歷史最為悠久的學院，在大學中極具威望。學院目前學生約600人，規模中等。大學學院的學術表現處於中游，而物理學家史蒂芬‧霍金（Stephen Hawking）以及著名作家克莉絲汀娜.蘭姆（Christina Lamb）均曾是該學院的學生。

大學學院擁有相當豐富的課外活動資源，旨在鼓勵學生培養興趣及集體精神，譬如舉辦滑雪旅行，提供免費健身會籍等。學院亦大力推動文藝活動，每學期有戲劇大賽的冠軍演出，同學報名唱詩班也毋須面試，以作鼓勵。可以說，豐富文藝活動正是這所歷史悠久的學院最響亮的招牌。

劍橋十大學院

劍橋大學由31所成員學院、超過150個學系及其它附屬機構組成，現有約11,000名教職員和約19,000名學生。每年校方獲捐贈基金高達71.2億元英鎊，為全英之首。在報考過程中，劍橋學院會邀請申請人在同一天作兩至四次面試。羽一將深入分析其中十所最受歡迎或具特色的學院。

圖表5.10 你適合哪個劍橋學院？

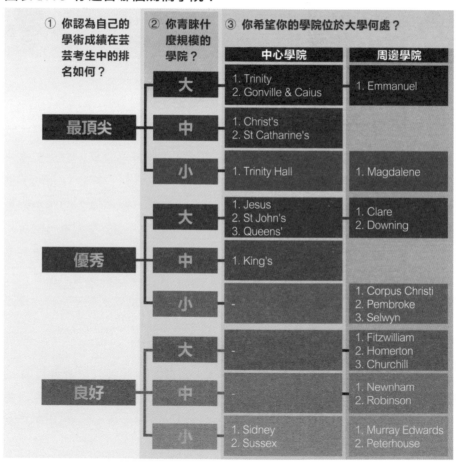

① 你認為自己的學術成績在芸芸考生中的排名如何？	② 你青睞什麼規模的學院？	③ 你希望你的學院位於大學何處？	
		中心學院	**周邊學院**
最頂尖	大	1. Trinity 2. Gonville & Caius	1. Emmanuel
	中	1. Christ's 2. St Catharine's	
	小	1. Trinity Hall	1. Magdalene
優秀	大	1. Jesus 2. St John's 3. Queens'	1. Clare 2. Downing
	中	1. King's	
	小	-	1. Corpus Christi 2. Pembroke 3. Selwyn
良好	大	-	1. Fitzwilliam 2. Homerton 3. Churchill
	中	-	1. Newnham 2. Robinson
	小	1. Sidney 2. Sussex	1. Murray Edwards 2. Peterhouse

邁進英國
頂尖大學

1. 三一學院 強大校友網絡

三一學院（Trinity College）創立於1546年，屬大型學院規模，位於劍橋大學的中心地帶，而作為延伸至河邊的學院，附近有不少平底船（Punts）可供出租遊玩。該學院為本科生人數最多的學院，男女比例高達2：1，主因是院內理科生較多，校友網絡強大，競爭相對激烈。三一學院是劍橋最富有的學院，每年獲超過10億英鎊捐贈資助，因此對學生支援十分全面，也有不少激勵措施，例如成績優異者可優先選擇單人房、獲得免費晚餐，獲邀參加宴會，甚至獲得現金獎勵，升讀研究院的一級榮譽畢業學生可獲全額學費減免等。

在學術方面，三一學院的圖書館極富盛名，規模為劍橋最大，藏書超過30萬冊。三一學院同為劍橋學術頂尖水準的代表，於1997至2019年間在湯普金斯排行榜（Tompkins Table, 劍橋學院的學士生考試成績排行榜）中平均排

名榜首，過往培養出34位諾貝爾獎得主，為牛劍學院中最多，其數量甚至能與一國相較高下。著名校友包括物理學家艾碩·牛頓（Isaac Newton）、哲學家法蘭西斯·培根（Francis Bacon）、查爾斯王子（Prince Charles）及新加坡總理李顯龍等。

2. 伊曼紐爾學院　享受自由風氣

伊曼紐爾學院（Emmanuel College）創立於1584年，屬大型學院，學生人數眾多，競爭較大。雖位處劍橋市中心地帶，但少有遊客，較為清靜。伊曼紐爾學院在學術上表現卓越，於1997至2019年間在劍橋大學各學院的學術表現排行榜湯普金斯排行榜平均排行第二。著名校友包括哈佛大學創校期的最大捐贈者約翰·哈佛（John Harvard）、光學家湯瑪士·楊格（Thomas Young）、牧師湯瑪士·華森（Thomas Watson）等等。

在資源配套方面，學院有24小時開放的圖書館，還為學生提供不少福利，如免費的瑜伽課程和泰式按摩。校園風光，亦是一絕，學生隨時可於草地中野餐，與鴨子和池塘相伴。此種自由風氣，正是伊曼紐爾學院引以為傲的精神。

3. 岡維爾與凱斯學院　聚集體育精英

岡維爾與凱斯學院（Gonville and Caius College）創立於1348年，同樣是大型學院，學生人數較多，競爭亦大。該學院位於大學中心區，與聖瑪麗教堂和大學圖書館為鄰，遊客不至太多，位置相當優越。學術上，岡維爾與凱斯學院表現優異，提供不少獎學金，供學生購書或研究之用。著名校友包括湯瑪士·雷沙姆（Thomas Gresham），為倫敦皇家交易所的創辦人、喜劇作家兼演員吉米·卡爾（Jimmy Carr）、哲學家薩繆爾·克拉克（Samuel Clarke）等等。

學術之外，岡維爾與凱斯學院極重視體育運動的發展，其賽艇俱樂部（Boat Club）實力強勁，在2016年更組建了自己的賽艇中心（Boathouse）。若論其在體育運動領域的投入和表現，岡維爾與凱斯學院絕對稱王，可謂體育運動愛好者的好選擇。

4. 基督學院 市中心地點方便

基督學院（Christ's College）創立於1505年，位於劍橋最繁忙的市中心，距離教學區、餐廳、商店、電影院等生活娛樂設施極近。該學院屬中型規模，廣受學生歡迎，競爭激烈。

學術方面，基督學院在過去二十年，學術成績穩守前三位。學生只要保證優秀的成績，便可享受與三一學院相當的學生福利和獎勵。著名校友包括著名校友包括科學家查爾斯·達爾文（Charles Darwin）、英國政治家約翰·米爾頓（John Milton）、英國宗教改革運動者威廉·帕金斯（William Perkins）等。另外，基督學院亦保證學生的住宿，質素不錯，更擁有全歐最古老的室外游泳池。

5. 聖嘉芙蓮學院 藥學系殿堂

聖嘉芙蓮學院（St Catharine's College）創立於1473年，與基督學院般位於市中心，與生活娛樂設施為鄰，且同是競爭激烈的中型學院。聖嘉芙蓮學院每年招收約130名學生，學院氛圍較輕鬆和友好。男女比例約為1：1，本地生和留學生比例適中。聖嘉芙蓮學院的各類津貼和補助相當豐富，除獎學金，還有各類外遊活動、運動比賽之補助。該學院更擁有兩個圖書館，這在劍橋一眾學院中十分罕見。

在學術方面，聖嘉芙蓮學院的藥學系為劍橋頂尖級別，經濟學居第二位，也適合強於自然科學（尤其是化學）的學生。著名校友包括奧運划艇金牌得主喬治‧納什（George Nash）、名醫約翰‧阿登布魯克（John Addenbrooke）、英國導演布萊恩‧吉布森（Brian Gibson）等。學術之外，聖嘉芙蓮學院亦鼓勵學生參與體育活動，並擁有一支出色的曲棍球隊，人稱其為最熱愛運動的學院，所言非虛。

6. 三一學堂　依傍泰晤士河

三一學堂（Trinitiy Hall）創立於1350年，為歷史第五悠久且全劍橋最小的學院，然而競爭十分激烈。物理學家史蒂芬‧霍金（Stephen Hawking）就是在此修讀博士，而澳洲前總統斯坦利‧布魯斯（Stanley Bruce）、英國政治家愛德華‧布爾沃萊頓（Edward Bulwer-Lytton）亦是出身於此。

三一學堂位於大學本部，院內有依傍泰晤士河的現代圖書館，學習之餘，還可一覽劍橋大學的優美景色。而在學術方面，三一學堂的表現為湯普金斯排行榜前十位。該學院的財力亦不可小覷，為劍橋第五富有的學院，按學院規模計算，實屬難得，無怪三一學堂競爭激烈，吸引一眾學生申請入讀。

7. 國王學院　追尋徐志摩腳步

國王學院（King's College）創立於1441年，著名校友有詩人徐志摩、現代電腦之父艾倫‧圖靈（Alan Turing）、英國現代詩人魯伯特‧布魯克（Rupert Brooke）該學院屬中等規模，位於大學市中心，交通方便，整體氛圍友好且多元，來自公立學校的學生較多。對於國際留學生，國王學院更提供特別的獎學金，加上完善的學生福利，正是該學院的優勢之一。學術方面，國王學院的表現不算頂尖，但勝在資源豐富，如龐大的圖書館，館藏完善的資料數據庫。

教學上，國王學院維持了一貫水準，師生關係密切，甚至會在政治、社會、經濟等學科進行辯論。國王學院的課外活動組織相當活躍，如登山隊和國王劇社等，院方也新建了健身房和專屬的藝術中心。由於學院臨近河邊，是划艇的好地方，所以國王學院的划艇協會也十分出名。至於劍橋大學最標誌性的禮拜堂，正正坐落於此，高水準的唱詩班是其一大特色。如果想體驗豐富多彩的大學生活，國王學院可能會適合你。

8. 聖約翰學院　運動氛圍佳

聖約翰學院（St John's College）創立於1511年，財務資源僅次於三一學院，為劍橋第二富有的大型學院，提供十分豐富的資助和獎學金。該學院甚少來自公立學校的學生，比例不足五成，院內圖書館24小時開放。學院面積甚大，橫跨本部，一直延伸至後花園。學術方面，聖約翰學院雖不算頂尖，但院內運動氛圍極佳。學院守則也有特別之處，如學生表現欠佳，院方會以社區服務替代罰款，讓學生身體力行反省，用心良苦。

此外，聖約翰學院的晚宴極具特色，有不同的主題風格，如「哈利波特晚宴」、「中國春節晚宴」等。著名校友包括晚年在此修讀哲學博士的文學巨擘金庸、DNA之父約翰‧考克饒夫（John Cockcroft）和天文學家約翰‧迪伊（John Dee）等。

9. 彼得學院 劍橋最古老學院

彼得學院（Peterhouse）創立於1284年，為劍橋最古老的學院，該院主樓（School of Pythgoras）是劍橋最古老的非宗教建築。該學院的學生更有機會入住十七世紀起建的宿舍房間，是難得的校園體驗。著名校友包括數學家查爾斯‧巴貝奇（Charles Babbage）、生物學家邁可‧列維特（Michael Levitt）、英國歐盟代表斯蒂芬‧巴克利（Stephen Barclay）等。該學院屬小型規模，位於市中心地帶，卻甚少有遊客騷擾。

在財政資源方面，若按人均計算，彼得學院的投入僅次於三一學院和聖約翰學院，學生可享豐厚的研究資助、外遊津貼。彼得學院同樣有專屬的健身房和藝術中心。學術方面，彼得學院不算頂尖，學生人數不算多，但師生關係親密，有些教授甚至能認得每一個在讀的學生。學院雖小，但圖書館藏書豐富，有超過6.5萬本書籍可供學習研究。

10. 皇后學院 毗鄰古建築

皇后學院（Queen's College）創立於1448年，屬大型學院，該學院位於市中心，四通八達，但遊客甚少，每年收生近160人。著名校友包括著名校友包括當代英國作家史提芬‧費亞（Stephen Fry）、NASA宇航員邁克‧福阿萊（Mike Foale）、國際法庭前法官貝爾納多‧塞普爾維達‧阿摩（Bernardo Sepúlveda Amor）等。

在學術方面，皇后學院在各方面表現平均，無論是住宿保證，還是強大的校友網絡，都能讓學生享受大學生活，以及在將來的職業發展中得到充足的支援。

皇后學院擁有不少遠近聞名的古建築，如建於1460年、毋須以鋼釘螺絲固定的「數學橋」（Mathematical Bridge），已成劍橋著名景點。皇后學院歷史悠久，還有更多地方值得探尋。

倫敦大學學院
研究最強

倫敦大學聯盟，包括倫敦大學學院（University College London, UCL）、倫敦帝國學院（Imperial College London）和倫敦政治經濟學院（London School of Economics and Political Science, LSE），這三所倫敦大學與牛劍組成了G5超級精英大學，合作研究計劃相當頻繁。倫敦三大按學科來劃分學院，如商學院和理學院等，此點與實行學院制的牛劍不同。此外，三大坐落英國中心的倫敦，整體校園環境也與牛劍迥然不同。

根據QS2021英國大學排名，倫敦帝國學院位列全英第三、倫敦大學學院位列第四，而倫敦政治經濟學院第八，均進入前十位。

位於倫敦市中心的UCL 創立於1836 年，屬研究型學院，是G5、金三角名校、羅素大學集團、五大科學工程聯盟等院校聯盟成員。該校有超過100個科系和研究中心，校內有17 間圖書館和9 間博物館，館藏甚豐。倫敦大學學院至今共誕生了34 名諾貝爾獎和3 名菲爾茲獎得主，堪稱英國在研究領域的最強院校，著名校友包括聖雄莫罕達斯·甘地（Mohandas Gandhi）、「電話之父」亞歷山大·貝爾（Alexander Bell）、樂隊Coldplay主唱克里斯·馬汀（Chris Martin），以及多國政要和組織領袖。該校目前有超過7,000 名教職員和40,000 名學生，每年獲高達1.18 億英鎊的捐贈基金。該校校訓為——讓一切努力贏得桂冠（Cuncti adsint meritaeque expectent praemia palmae）。

優勢學科

1. 教育

倫敦大學學院的教育（Education）學科連續6年高居專業學科榜首，足見其實力。學科雖名為教育，但會透過社會學、哲學、歷史和心理學來增進學生對教育議題的見解，有跨學科本質。在首兩年課程中，學生修讀教育學的核心知識，到了第三年可自由且廣泛地進修有興趣的內容，並且有機會開展個人研究，發揮個人所長。

2. 建築與建築環境

倫敦大學學院的巴特利特學院（The Bartlett）聞名全球，其建築與建築環境學科（Architecture and The Built Environment）目前排名為世界第一。課程以一對一的輔導形式進行，學生主要在工作室和教徒式討論中學習。該學院著重實踐，七成課程會以學生作品集來作為評分參考。踏入的課程第二和第三年，學生可選擇進入不同的設計單位，與專業人士共同開展項目，藉此培訓職業技能，經此錘煉的畢業生於建築業界擁有實戰本領，令他們可以勝任不同建築項目之挑戰。

倫敦大學學院還有其他八門學科進入了大學專業排名的世界前十，包括考古學（排名第三）、解剖學與生理學（排名第五）、人類學（排名第五）、藥學與藥理學（排名第七）、地理學（排名第七）、醫學（排名第九）、心理學（排名第十）和生命科學與醫學（排名第十），不容小覷。

入學要求及學費

倫敦大學學院要求IB最低分為34分，3科HL須取得556或以上；A-Level取錄範圍則由A*A*A至ABB，具體成績要求因應學科而有所不同。

2021年，該校海外學生的學費為21,600至36,900英鎊，一年39周的學校生活開支約近11,000英鎊。財務資助方面，香港學生可申請由李嘉誠基金會贊助的沈弼勳爵紀念獎學金（Lord Sandberg Memorial Scholarship），獎學金額達15,000英鎊，UCL亦有其他多項的獎學金供表現優異的本地及國際學生申請。

就業資源充足

學生分享

UCL作為一間綜合性大學，匯聚了世界各國和不同學科的精英。雖然大家學習不同學科，但是得益於跨學科交流和學習機會，使我頓生出一種強烈的欲望，希望可以提升自己，追上他們的腳步。

我認為UCL最大的優勢，是它的地理位置。坐落在倫敦這個政治經濟中心，不時都會見到各大企業經學校的招聘會（Career Fair）來招攬我校精英，其中不乏亞洲，甚至中國國內的企業來招聘大中華地區的職位。基本上，只要你能力過關，學校提供的就業資源，絕對可以滿足你的職業發展需求，所以數據上，我校的就業率一直較高。此外，諸如面試、網上申請、履歷撰寫等，UCL都開設專業的指導課程，讓我們提前武裝自己，打好基礎。而必不可少的工作實踐，也是幫助我們確立職業發展方向的重要一步。

在生活上，倫敦四通八達的公共運輸，讓我可以任意遨遊。雖然車票略貴，但是乘坐地鐵，幾乎可以去到倫敦任何一個地方。要知道倫敦的博物館、劇院等，數量頗多，遠近聞名。隨時隨地看一場演出，一場展覽，不是很愜意嗎？如果你願意，倫敦作為交通樞紐之一，即便前往歐洲各國也是相當方便。如果你喜歡美食，倫敦亦像香港，有各國美食可以尋覓。這種Work-life balance（工作與生活平衡）的生活，我希望你們也能夠體驗。Welcome to London！

——Marcus 就讀於倫敦大學學院經濟學系

倫敦政治經濟學院
社科天堂

倫敦政治經濟學院（The London School of Economics and Political Science, LSE）創立於1895年，同樣隸屬倫敦大學聯盟，為G5、羅素大學集團、金三角名校等院校聯盟成員。LSE的教學與研究專注在社會科學領域，在政商界享譽盛名。該校有19個科系，超過30個研究中心和1個語言教學中心，並設有14個專業學科，其中12個進入專業排名世界前八位，實力相當強勁。

LSE已培養出20名諾貝爾獎得主，34名國家政要、31名英國下議院議員和42名上議院議員，包括英國前首相夫人彭雪玲（Cherie Blair）、曼哈頓公司前總裁大衛‧洛克菲勒（David Rockefeller）、歐盟委員會主席烏爾蘇拉‧馮德萊恩（Ursula von der Leyen）等。有趣的是，LSE還是產出最多億萬富翁的歐洲大學。現時學院有約1,300名教職員和近12,000名學生，每年獲捐贈基金逾1.55億英鎊。該校校訓為——瞭解萬物發生的緣故（Rerum cognoscere causas）。

優勢學科

1.社會政策

LSE的社會政策學科（Social Policy）為QS全球專業排名第三，課程研究現實世界的貧困、社會排斥和全球人口變化等議題，學生以跨學科思維來思考與闡述各種社會政策，跨越人類學、犯罪學、人口學、經濟學、政治學、社會學和發展學等學科，從而由不同角度理解社會變革和體制。

2. 地理

LSE的地理學（Geography）位列QS全球專業排名第二，該學科為跨學科課程，約75%為地理學，其餘25%為經濟學及其他內容，主修輔修均可，學生將學習地理與社會、經濟、政治和環境等多方面的知識，從而掌握全球相關政策，畢業生未來可於相關領域提供專業意見或進行研究。升上Year 2後，學生還可出國實地考察，磨練專業技能。

除了上述學科，倫敦政治經濟學院其他學科範疇同樣有打入QS專業排名全球前十的能力，包括位列第三的發展研究（Development Studies）、社會學（Sociology）、以及傳播和媒體研究（Communication & Media

Studies），其中排名傳播與媒體研究排名為全英第一。會計和財務（Accounting & Finance）位列全球第四，政治與國際研究（Politics and International Studies）、以及歷史學（History）位列全球第五，經濟學和計量經濟學（Economics and Econometrics）、法律（Law）以及哲學（Philosophy）位列全球第六，人類學（Anthropology）位列全球第八。

入學要求及學費

LSE 的入學要求與 UCL 相近，要求 IB 最低分為 34 分，3 科 HL 須取得 556 或以上。A-Level 的錄取範圍介乎 A*A*A 至 ABB 之間，因應學科而有所不同。

倫敦政治經濟學院 2021 年的海外生學費為 22,430 英鎊，一年生活開支大概 13,200 至 15,600 英鎊。至於獎學金，倫敦政治經濟學院設有本科生資助計劃，金額通常在 6,000 至 15,000 英鎊，其他獎學金包括 Beacon 獎學金、Pestalozzi 國際村信託獎學金、LSE Stelios 獎學金、Uggla 家庭獎學金等。

留學生佔多數
校內文化多元

學生分享

眾所周知，倫敦政治經濟學院(LSE)在社科領域實力強勁，已在經濟學、政治學、管理學、法學等範疇耕耘多年，學術積澱頗深。對我來說，LSE位於倫敦核心地帶，毗鄰皇室法庭、英國廣播公司、國會大廈、特拉法加廣場、金融城和大英博物館等，簡直是政治、經濟領域的學術殿堂。

LSE沒有「正式」的大學校園，甚至連校門都沒有，只有一座座建築。與之暗合的，是不拘泥於傳統，崇尚自由思想，鼓勵學術融合交匯的大學學風。正如我校校訓所言——瞭解萬物發生的緣故，尋根問底和實踐精神絕對是教授和我們一直堅守的治學目標。在倫敦這個英國的政治和經濟中心，更是讓我們在學術上站在了更高的起點，並有了充分發揮的舞台。

在LSE，像我這樣的留學生甚至是大多數，學校本地生僅佔35%，校內文化相當多元，可謂走在一眾院校前列。而中國籍學生和校友也佔比頗多，在未來就業方面，這些師兄師姐都會是我們最有力的支援和後盾。而令我印象深刻的，還有學校對多元校園生活的重視。譬如學生會，坐擁一棟七層高樓，而學生社團，也多達200幾個。譬如我最喜歡去的，就是始建於1896年的大學圖書館，它是全球最大的社會科學類圖書館，說是國家級也不為過。與社會科學相關的資源盡在此處，任你取用。如果你有意在社會科學的學術路上發展，LSE絕對是你的天堂。

——**Tiffany就讀於倫敦政治經濟學院會計金融學系**

5.5

倫敦帝國學院
理科勝地

倫敦帝國學院（Imperial College London, Imperial）又名帝國理工學院，創立於1907年，校區分散在倫敦海德公園（Hyde Park）附近。該校過往同樣是倫敦大學聯盟的創校成員，2007年時脫離聯盟，成為真正獨立的大學，但依然屬羅素大學集團、G5、五大科學工程等院校聯盟的成員。值得留意的是，在不少學校排名榜中，倫敦帝國學院都高踞榜首，例如英國最創新大學第一名（Reuters Top 100: The World）、英國前景排名第一（The Times and The Sunday Times Good University Guide 2021）、英國就業排名第一（Guardian University Guide 2021）。

倫敦帝國學院由皇家科學學院、皇家礦業學院和城市與行會學院合併組成，並設有工程學院、自然科學學院、醫學院和商學院其4個學院。倫敦帝國學院曾經誕生20位諾貝爾獎得主、3位菲爾茲獎得主以及1位圖靈獎得主，

著名校友包括抗生素之父亞歷山大・弗萊明（Alexander Fleming）、生理學諾貝爾獎得主弗雷德里克・霍普金斯（Frederick Hopkins）、英國著名作家赫伯特・佐治・威爾斯（Herbert George Wells）等人。該校校訓為——科學乃帝國之榮光及庇護（Scientia imperii decus et tutamen）。現時該校約3,700名教職員和超過19,000名學生。

優勢學科

1. 生物醫學工程

根據世界大學排名（Academic Ranking of World Universities, ARWU）的專業排名，倫敦帝國學院的生物醫學工程學科（Biomedical Engineering）排名全英第一。該學科旨在培養出優秀的生物醫學工程師，並運用技術和知識助人類變得長壽和健康。

學生將進行跨學科學習，包括工程數學、力學、納米技術、生物材料、電子工程、生理學、編程和設計等，在第一和第二年，課程內容會以工程相關的學科知識為主，如數學、計算、電子和力學。到了第三年和第四年，學生便可在模塊化設計的課程中自由組合，繼續深造。

2. 醫學

倫敦帝國學院的醫學（Medicine）在完全大學指南（The Complete University Guide）發佈的大學排名中位列世界第九。該課程分為三個學習階段：在第一階段，學生主要學習與健康和疾病相關的基礎知識，並進行基本的臨床實踐，並有機會開展項目研究；在第二階段，學生需修讀自主選擇的模組化課程和研究項目；而在第三階段，學生將前往醫院和社區作正規的臨床實踐，

認識各醫療團隊如何協作。畢業生將獲得初級醫學資格，並在醫學總會獲臨時註冊，假如表現優秀，更有機會在資助下升讀博士。

倫敦帝國學院還有不少優勢學科，其學術水平獲不同的大學專業排名榜單認可。據2020年度泰晤士高等教育排名（Times Higher Education 2020），該校電腦科學（Computer Science）排名全英第三、全球第十；工程（Engineering）排名全英第三、全球第十四；醫學（Medicine）排名全英第三、全球第十四；物理科學（Physical Sciences）排全英第三、全球第十二。

入學要求及學費

倫敦帝國學院要求IB最低分為38分，HL須取得6至7分。A-Level的錄取分數在AAA至A*A*A之間，會因應學科有不同要求。

倫敦帝國學院2021年的海外生學費為33,000英鎊起，生活開支大概為12,000英鎊一年。獲取錄的高材生可根據學科及母國之不同申請多項不同的獎學金。

每年展出
最新科研成果

帝國理工學院以出色的理科教學聞名於世，我在此就讀免疫學，屬醫學院課程。據我觀察，醫學院的學生，不乏行業內的醫生、以一級榮譽成績於其他學科畢業的尖子生、甚至大師，這絕對是難得一見的。我想，我能與他們一同學藝，共同進步，是極其幸運的。

說到這裏，就不得不提每年4月舉行的 Imperial Festival。這是由學校主持搭建的平台，讓我們展示科研成果或創意發明，在此期間，當然也會邀請科研巨頭或投資企業觀展，並有機會開展合作項目，甚至直接加入這些一流企業，踏出以科技改變世界的第一步。

說到底，就業一直是我們學生群體在學術之外，相當關注的一點。幸好一眾師兄師姐在經濟和就業為我們提供充足支援，無論我們選擇繼續從事科研研究，還是白手起家創業，都後顧無憂。正因如此，帝國理工的畢業生在職場甚具競爭力，我對未來的職業發展相當有信心。

或許是富有設計感的摩登校園、或許是極佳的學術氛圍、又或許是科研和就業的良好誘因，吸引了無數對理工學科抱有熱誠的年輕人來到帝國理工學院。而我也深刻認識到，在他們面前，我還有很長的學術之路要走。只有時刻保持謙卑和勤奮，才能不斷進步，最終可以運用所學，以科學的力量改變世界，貢獻世人。

——Samuel就讀於帝國理工學院醫學系

羅素大學集團

前面數節所介紹的G5超級精英大學申請要求不僅超高，競爭更是激烈，因此，被稱為英國「常春藤聯盟」的羅素集團大學(The Russell Group)亦備受學生和家長青睞。羅素大學集團是由英國最頂尖的24所研究型大學組成，亦是全世界產生諾貝爾獎得主最多的著名高校聯盟，目前全英前十的大學，均為羅素大學集團成員。

24所大學除了包括牛津、劍橋、倫敦三大學府(倫敦大學學院、倫敦政治經濟學院、倫敦帝國學院)等，還有屬「紅磚大學」的伯明翰大學、布里斯托大學和列斯大學，以及約克大學和華威大學等「平板玻璃大學」。

24所大學的校長每年春季固定在倫敦羅素廣場旁的羅素飯店舉行研究經費會議，羅素之名正源於此。羅素大學集團成立的初衷，是想通過院校合作，獲得更多研究經費來聘請優秀的教師，以及取錄有才華的學生，同時減少政府對大學事務的干預。事實上，集團院校每年共囊括全英大學65%以上的科研經費和贊助資金。

圖表5.11 羅素大學集團

分類	大學院校
G5超級精英大學	牛津大學(University of Oxford)
	劍橋大學(University of Cambridge)
	倫敦大學學院(University College London)
	倫敦政治經濟學院(London School of Economics and Political Science)
	倫敦帝國學院(Imperial College London)

分類	大學院校
紅磚大學	伯明翰大學（University of Birmingham）
	布里斯托大學（University of Bristol）
	列斯大學（University of Leeds）
	利物浦大學（University of Liverpool）
	曼徹斯特大學（University of Manchester）
	紐卡素大學（Newcastle University）
	謝菲爾德大學（University of Sheffield）
平板玻璃大學	華威大學（University of Warwick）
	約克大學（University of York）
其他	杜倫大學（Durham University）
	修咸頓大學（University of Southampton）
	諾丁漢大學（University of Nottingham）
	埃克塞特大學（University of Exeter）
	卡迪夫大學（Cardiff University）
	貝爾法斯特女王大學（Queen's University Belfast）
	格拉斯哥大學（University of Glasgow）
	倫敦國王學院（King's College London）
	倫敦大學瑪麗皇后學院（Queen Mary University of London）
	愛丁堡大學（University of Edinburgh）

紅磚大學、平板玻璃大學

「紅磚大學」（Red Brick Universities）是指維多利亞時代在英格蘭六大重要工業城市創立的大學，為伯明翰大學、布里斯托大學、列斯大學、利物浦大學、曼徹斯特大學、紐卡素大學和謝菲爾德大學，這6所老牌院校均為科學或工程技術類院校。

至於「平板玻璃大學」（Plate Glass Universities）則是指英國在1963年發布關於高等教育的「羅賓斯報告」後所成立的大學。平板玻璃大學的名稱是來源自大學的現代建築設計，在鋼或混凝土結構中廣泛使用平板玻璃，與使用維多利亞建築風格為主的紅磚大學和古典建築風格的牛劍有所區別。這些年輕大學在某些新興或單一領域上會有很出色表現，在短短數十年間，已經邁入名校行列，發展驚人。

愛丁堡大學
蘇格蘭第一

愛丁堡大學（The University of Edinburgh）創立於1583年，位於蘇格蘭首府愛丁堡，為英語世界中第六名最具歷史的研究型大學，自18世紀歐洲啓蒙運動後已為頂尖院校，校訓為——既不魯莽，也不胆小（Neither rashly, nor timidly）。在QS2021大學排名榜中，該校位列全英第五，而在泰晤士高等教育榜單中，更排名蘇格蘭第一。

愛丁堡大學不僅是羅素大學集團成員，還是歐洲大學協會、歐洲大學聯盟、歐洲研究型大學聯盟成員，共誕生出19名諾貝爾獎得主、3名圖靈獎得主、1名菲爾茲獎得主、1名阿貝爾獎得主和3名英國首相。目前校內有近4,500名教職員和超過41,000名學生，每年所獲捐贈基金多達4.6億英鎊。著名校友包括現代經濟學之父亞當·史密斯（Adam Smith）、作家華特·司各特（Walter Scott）等人。

優勢學科

1. 體育科學

愛丁堡大學的體育科學（Sports Science）在2021 The World University Ranking排名榜中，高踞全英第一。課程共4個範疇：生理學（Physiology）、生物力學（Biomechanics）、心理學（Psychology）和技巧

掌握（Skill Acquisition）。為了提升教學質素，該系配備有與人體機能、運動生理學、生物力學和運動心理學等的實驗室，更為奧林匹克運動項目提供社團和設施服務。該科畢業生大多從事與體育科學相關的教學工作，平均年薪為22,000英鎊，亦有部分畢業生再升讀研究院進修。

2. 語言學

在QS2021世界大學專業排名中，愛丁堡大學的語言學（Linguistics）名列世界第五。該學科研究世界語言（包括英語及外語）的變化。在課程設計方面，該學系給予學生極大的自由度，在主修之外，有廣泛的內容可供選修。學生畢業後可從事新聞、國際關係、翻譯或社會研究等工作，也可在語言治療或外語教學中發揮所長。

愛丁堡大學的其他優勢學科，包括位列全英第二、世界第三的獸醫學（Veterinary Science），位列全英第三、全球第七的英語語言文學（English Language and Literature），位列全英第三、世界第十三的現代語言（Modern Languages）和位列全英第四的自然科學（Natural Sciences）。

5.8

曼徹斯特大學
紅磚大學之首

曼徹斯特大學（The University of Manchester）創立於1824年，俗稱曼大，位於繁華大都市曼徹斯特，是羅素大學集團的始創成員之一，更被譽為紅磚大學之首，在QS2021大學排名榜中，曼大名列全英第六，在泰晤士高等教育發佈的世界大學影響力排名中位列全球第三。該校亦是大學研究協會（URA）、歐洲大學協會、英聯邦大學協會等院校組織的成員。大學每年獲得捐贈基金達2.35億英鎊，校訓為——知識、智能、人性（Cognitio, Sapientia, Humanitas）。校內有4,790名教職員和約40,000名學生，

曼大曾誕生25名諾貝爾獎得主，主要為物理學獎和化學獎，著名校友包括諾貝爾物理學獎得主占士·查域（James Chadwick）、物理學家布萊恩·考克斯（Brian Cox）和分子生物學家埃德溫·薩瑟恩（Edwin Mellor Southern）等頂尖學者，現任教職員中就有4名諾貝爾獎得主。

優勢學科

1. 藥理學

曼大的藥理學（Pharmacology），在QS2021大學專業名列全英第五，世界排名第十四。該課程屬雙學位課程，4年可修畢學士及碩士學位。課程內容包括分子生物學、化學、生理學和神經科學等，研究水準極高。到了第二學

年，學生將前往美國石溪大學（Stony Brook University）進行一個學期的深造。學生更有機會在製藥行業實習，這對畢業後從事相關行業甚有幫助。藥理學畢業生多於大學、製藥公司、生物科學公司或研究所從事研究工作。

2. 發展研究

曼大的發展研究（Development Studies）在QS2021大學專業排名位列第十一位，發展研究屬於跨學科課程，涉及經濟學、政治學、社會學、人類學等學科知識，重點關注全球發展的核心議題，如不平等、貧困、饑餓和社會福利等。學生將有機會出國進修，或是報讀專業實習的選修課。畢業生從事職業範圍甚廣，如金融行業、會計服務、政府工作，或是報讀碩博課程深造等。

曼大的其他優勢學科包括位列全英第四的化學（Chemistry）、位列全英第五的社會學（Sociology）和會計和金融（Accounting and Finance）。當中既有人文學科，也有理科、商科，相當全面。

倫敦國王學院
專長醫學相關

倫敦國王學院（King's College London）創立於1829年，校訓為——聖潔與智慧（Sancte et sapienter）。該學院是倫敦大學聯盟的創始院校之一，目前還是羅素大學集團、歐洲首都大學聯盟、金三角名校、歐洲大學協會、英聯邦大學協會的院校成員，每年獲捐贈基金達2.58億英鎊。現時學院共有約8,500名教職員和約31,000名學生，其中獲諾貝爾獎的校友和教職員共計有14位，另外還有1位圖靈獎得主，3位奧斯卡金像獎得主、3座格林美獎和1位艾美獎得主。無論是科研還是文化領域，倫敦國王學院都可謂人才濟濟，著名校友包括物理化學家羅莎琳·富蘭克林（Rosalind Franklin）、科幻小説作家亞瑟·克拉克（Arthur C. Clarke）、電影配樂大師米高·尼曼（Michael Nyman）等。

優勢學科

1. 牙科

倫敦國王學院的牙科（Dentistry）極負盛名，在QS2021大學專業排名中位列全英第一、世界第五，成功之處在於與頂尖的牙科醫院有緊密合作，如蓋伊醫院（Guy's Hospital）、國王學院（King's College）和聖托馬斯醫院（St Thomas' Hospital）等。學科的理念在於針對患者的整體需求與護理，而開展治療項目。在課程中，學生將接觸到牙科醫療、牙科生物科學、以及牙科的臨床和技術運用。到Year 3至Year 5，學生會有超過一半的門診實踐，磨練職業技能，成為頂尖水平的牙醫。

2. 藥理學

倫敦國王學院的藥理學（Pharmacology）享負盛名，藥理學更有不少通用技能，如數據收集和分析。在課程設計方面，藥理學一年級課程包括解剖學（Anatomy）、發育與人體生物學（Developmental & Human Biology）、生物化學（Biochemistry）、生物醫學科學（Biomedical Science）、醫學生理學（Medical Physiology）、分子遺傳學（Molecular Genetics）、神經科學和藥理學（Neuroscience and Pharmacology）等。自 Year 2 開始，學生可直接專攻這些學科。畢業後學生可繼續深造，或是進入製藥業，又或是踏足其他領域，如食品科學家、商業分析師等，部分畢業生會選擇成為全職專科醫師或醫學顧問。

倫敦國王學院還有的優勢學科，如排名全英第一、世界第二的護理（Nursing），表現極為出色。另外還有位列全英第四、世界第二十的心理學（Psychology）、位列全英第五的生命科學與醫學（Life Sciences and Medicine）以及法律和法律研究（Law and Legal Studies）。

布里斯托大學
地理相關學系強

布里斯托大學（University of Bristol）創立於1876年，為六所紅磚大學之一，也是羅素大學集團、歐洲大學協會以及英聯邦大學協會的成員，校訓為——提升人之內在力量（Vim promovet insitam）。根據2021年QS的大學排名榜單，布里斯托大學位列全英第九，屬於一流研究型大學，出身於此的諾貝爾獎得主合計有13位。根據High Fliers Research 於2017年公佈的職業相關類榜單，布里斯托大學是英國最受企業青睞大學之第三名，可見其畢業生有不少優勢，著名校友包括歌手詹姆仕·布朗特（James Blunt）、演員西蒙·柏奇（Simon Pegg）等。目前大學有教職員接近8,000人，學生約27,000人，每年獲得的捐贈基金逾7,220萬英鎊。

優勢學科

1.地質學

布里斯托大學的地質學（Geology）在QS大學專業排名中位列全英第四。該學科從物理和化學的角度考察地質，並認識地球歷史，除親身收集地質研究材料，還會利用地震波等先進遙感技術探索地球深處。當完成第一、二年的基礎課程後，到了第三年，學生可選讀海洋學（Oceanography），經濟地質學（Economic Geology），石油沉積學（Petroleum Sedimentology）和環境放射性專題課程（Environmental Radioactivity），並有機會在英國或

海外進行實地考察。至於畢業前景，由於該學科的專業性，所從事的職業多為地理、環境相關的範疇，如岩土工程、環境諮詢等工作。

2.社會管理政策

布里斯托大學的社會管理政策（Social Policy with Management）在QS大學專業排名中位列全英第七。該學科課程結合自政策研究（Policy Studies）與金融管理（Economics, Finance and Management），屬跨學科課程。學生會研究相關的政策和社會議題，譬如貧困、社會不平等、吸毒問題、犯罪和教育等，又會以他國政府或非政府組織的社會管理政策作為樣本，考察在制訂和執行政策時有何挑戰或作用。

布里斯托大學還有一些值得留意的學科，包括位列全英第四的地球物理學（Geophysics）和地球與海洋科學（Earth and Marine Sciences），不難發現布里斯托大學在地理相關類學科普遍表現出色，專業排名均處於前列。此外，布大的哲學系（Philosophy）同樣打入全英第八的哲學，亦不可小覷。

5.11

華威大學
商學院出色

華威大學（The University of Warwick）創立於1965年，校訓為——才德驅動萬物（Mind moves matter），屬「平板玻璃大學」之一。根據2021年QS的大學排名榜單，華威大學位列全英第十，歐洲前二十，世界前百。至於學術以外的各項指標，該校的表現甚至更加出色，如在僱主聲譽（92分/100分）、國際教員（98.1分/100分）和國際學生（99.2分/100分）幾項的綜合得分，均為QS榜單中最高。華威大學作為羅素大學集團、歐洲大學協會和英聯邦大學協會的成員，每年所獲的捐贈基金達1,200萬英鎊。校內有近7,000名教職員，學生27,000人左右。著名校友包括諾貝爾經濟獎得主奧立佛·哈特（Oliver Hart）、菲爾茲獎及國際數學傑出成就獎得主馬丁·海雷爾（Martin Hairer）。

優勢學科

1.數學、運籌學、統計學和經濟學

數學、運籌學、統計學和經濟學（Mathematics, Operational Research, Statistics and Economics）被QS評為英國頂級學科的結合，當中包括排名全英第四的數學、統計學與運籌學，以及排名全英第五的經濟學，適合實力較強的學生。根據該課程的設計，學生可在Year 3至Year 4期間取得綜合碩士學位，或轉入以上4門相關課程深造，可說兼具靈活性和效率。畢業生主要從事與專業相關的工作或參與研究。

2. 國際商務

華威大學的國際商務(International Business)在《泰晤士報》和《星期日泰晤士報》優秀大學指南(Times and Sunday Times Good University Guide)排名榜中位列全英第三。學生於Year 3可選擇往海外交換學習或就地工作實習,該學科與歐洲、加拿大和拉丁美洲合作大學交流密切,學生有機會成為交換生,還能學習其他語言,如法語、德語、意大利語或西班牙語。此外,課程有數個特定的會計、財務類課程模組(Module),只要學生選修並通過大學考試,便可具備專業會計考試的免試資格,由於學科提供的免試資格,令其極具性價比,適合有明確職業目標的學生。

華威大學的商學院整體表現出色,除了上述介紹的兩門學科,還有位列全英第五的商業和管理(Business and Management)以及位列全英第八的會計和金融(Accounting and Finance)。此外,排名全英第七的英語語言文學(English Language and Literature)也是華威大學的優勢科目,值得關注。

揭開性格密碼
開展職涯規劃

CHAPTER
6

解構
你的性格密碼

人的性格類型、興趣與其職業密不可分，只有發掘自己的內在興趣和熱情，從事與興趣融合的職業，才能發揮潛能優勢。美國心理學教授約翰・霍爾蘭（Prof. John Holland）於1959年提出了霍爾蘭六邊形（Holland Hexagon/Holland Codes），其理論把人的性格分為6種類型：實幹型（Realistic）、研究型（Investigative）、藝術型（Artistic）、社會型（Social）、企業型（Enterprising）和事務型（Conventional）。

圖表6.1　霍爾蘭六邊形

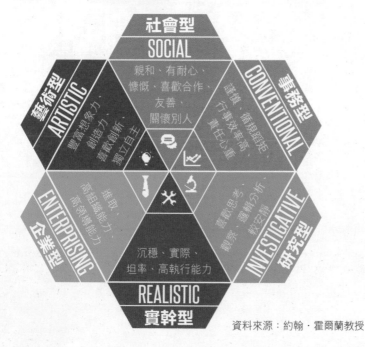

資料來源：約翰・霍爾蘭教授

1. 實幹型（R）

實幹型個性沉穩、坦率直白、多做少言。實幹型的人目標明確，善於在講求實際和強調動手能力的環境中工作，能依既定的規則一步一步地完成任務。此型分數較高的人通常更擅長在應用工程類別，如機械工程、電子工程、土木工程、建築等領域發展。

2. 研究型（I）

研究型個性安靜、喜歡思考、觀察、分析身邊事物。研究型的人善於運用邏輯思維解決難題，有尋根究底的研究精神，樂於提出嶄新的想法和主意。此型分數較高的人通常更擅長在純科學或學術性類別，如數學、物理、化學、生物、醫藥、天文等領域發展。

3. 藝術型（A）

藝術型個性獨特、我行我素、別樹一格。藝術型的人善於感受藝術各種元素，如聲音、色彩、圖像、氣味等，對美的感受、表達、創造有如生俱來的靈感。此型分數較高的人通常更擅長在藝術或創作類別，如音樂、寫作、戲劇、繪畫、設計、舞蹈等領域發展。

4. 社會型（S）

社會型個性溫和、善解人意、樂於助人。社會型的人善於聆聽別人心聲，願意分享並付出時間和精力去幫助別人解決困難。此型分數較高的人通常更擅長在需要較強人際關係的類別，如醫護、教育、輔導、社會工作、管理、宗教等領域發展。

5. 企業型（E）

企業型個性進取、精力旺盛、積極競爭，企業型的人善於計劃統籌，有出色的說服力、組織力、領導力，能成為團隊中的焦點人物或領袖。此型分數較高的人通常更擅長在商業及政治類別，如創業、管理、銷售、政經、司法等領域發展。

6. 事務型（C）

事務型個性謹慎、循規蹈矩、精明高效，事務型的人善於在既定規則或環境下小心翼翼、按部就班工作，責任感十分強。此型分數較高的人通常更擅長在行政及金融類別，如銀行、金融、會計、秘書、行政等領域發展。

羽一認為霍爾蘭六邊形是一個組合——每一個人，在不同的性格之上，有著不同的分數。透過霍爾蘭六邊形瞭解自己的組合，不但能令我們認識自己的強項與弱項，更加能夠幫助我們找到適合自己的志業，發揮所長，自我實現，為社會帶來最大的貢獻。

你的性格密碼是什麼？

你喜歡以下活動嗎？回答右頁25道問題，選擇「喜歡」或「不喜歡」這些活動，就能找尋屬於自己的職業密碼。

你喜歡這項活動嗎？		喜歡	不喜歡
R1	維修電子產品		
R2	組裝或維修機械		
R3	學習科技教育(例如工藝)課程		
R4	學習木工課程		
R5	使用工具		
I1	閱讀科學書籍或雜誌		
I2	進行科學專題研習		
I3	學習科學理論		
I4	以數學解決問題		
I5	做實驗		
A1	素描、繪畫		
A2	設計傢俱、服裝或印刷品		
A3	演奏樂器		
A4	表演唱歌、跳舞、戲劇等		
A5	讀詩或寫詩		
S1	幫助他人解決個人問題		
S2	閱讀心理學文章或書籍		
S3	在非牟利機構工作或擔任義工		
S4	照顧兒童		
S5	報讀自我增值課程		
E1	學習企業的成功策略		
E2	宣傳產品		
E3	監督他人工作		
E4	閱讀商業雜誌或文章		
E5	創業		
C1	從事商業計算		
C2	仔細記錄各項開支		
C3	在辦公室工作及撰寫商業書信		
C4	安排會議		
C5	填寫詳細的表格及校對		

現在，分別計算R1至R5、I1至I5、A1至A5、S1至S5、E1至E5、C1至C5題目的「喜歡」數量，最高5分，最低0分。譬如，在R1至R5，你全部都選擇「喜歡」，你的R分數就是5分，在I1至I5有3個「喜歡」，I分數就是3分。

題目對應的性格類型分別是：「R」是實幹型，「I」是研究型，「A」是藝術型，「S」是社會型，「E」是企業型，「C」是事務型。當你在某項性格上的「喜歡」總數愈多，就代表你愈向該性格類型。不過你會發現，你幾乎擁有全部6種性格類型，事實上人是由多種性格組成，基本上不存在只有單一性格的人，你可能擁有2種性格傾向，又或是擁有3種性格傾向等等。以下章節會再解說哪類格類型會適合從事哪類職業。

傳統專業
配對哪種性格類型？

S+I 適合當醫生

內外全科醫學（Medicine）是一門專業性學科，一個醫生不是單純治療疾病，而是要把病人看作一個完整的人，兼顧人的生理情感等多方面需求。

內外全科醫學專才通常在研究型和社會型的分數較高，他們大多和善、愛社交、善於思考和富有創造力，會運用頭腦、依自己的步調去解決問題。他們做事講求精確、合作、創新，以及擁有強大的團隊精神。

高中必修化學

如果想選擇入讀內外全科醫學系，學生需要在公開考試中選修以下科目：
A-Level： 必修化學，以及生物、物理、數學其中之一；
IB： HL 必含化學，SL 需要生物、物理、或數學科；
HKDSE： 宜選修理科科目，例如化學、生物。

要報讀內外全科醫學專業，香港及英國大學有以下熱門選擇：

圖表6.2 熱門香港及英國大學醫學士課程

院校		課程	2020年入學分數參考		
			A-Level	IB	HKDSE
香港	香港大學	內外全科醫學士（MBBS）	A*A*A*A	43分	最佳6科：48(HQ)，45(M)，44(LQ)
	香港中文大學	內外全科醫學士（MBChB）	A*A*A*（95%）	42分	4C+2X：38(HQ)，36(M)，36(LQ)
	香港中文大學	內外全科醫學士課程環球醫學領袖培訓專修組別（GPS）	A*A*A*（97%）	44-45分	4C+2X：42(HQ)，41(M)，40(LQ)
英國	劍橋大學	Bachelor of Medicine and Bachelor of Surgery（MB，BChir）	A*A*A	40-42分，3科HL取得776	不適用
	牛津大學	Bachelor of Medicine，Bachelor of Surgery（BM BCh）	A*AA	39分，3科HL取得766	不適用
	愛丁堡大學	Bachelor of Medicine and Surgery（MBChB Medicine）（6-year programme）	AAA	37分，3科HL取得766	不適用
	登地大學	Medicine MBChB	AAA	37分，3科HL取得666	不適用
	格拉斯哥大學	Medicine MBChB	AAA	38分，3科HL取得666	不適用

資料來源：JUPAS、UCAS

揭開性格密碼
開展職涯規劃

英國醫科畢業 回港需考執業試

畢業後，一般醫學專才會選擇：(1)繼續進修成為專科醫生；(2)加入政府衛生署，於政府門診任職、參與醫療行政等工作；(3)自行開設或加入私人診所；(4)在大學、研究所從事醫學研究工作。

在香港大學或香港中文大學醫學院畢業的學生，在完成12個月的駐院實習及評核後，即可成為註冊醫生。但在香港以外完成5年以上醫學培訓的學生，畢業後需要通過香港醫務委員會執照醫生協會（The Association of Licentiates of Medical Council of Hong Kong）考試，包含專業知識、醫學英語及臨床技能三方面的醫生資格考試，並完成12個月的駐院實習及評核，才可在香港的醫療機構執業/註冊。在香港公立醫院實習時，其主要職責是在內科、外科、婦科、兒科四個科室及不同的部門輪轉，負責與病人溝通、寫病歷、開醫囑等工作。完成12個月駐院實習後，可申請註冊成為專科醫生，經過5-7年的培訓並拿到執照後，便可在公立醫院晉升為副顧問醫生（Associate Consultant），之後更有機會晉升到顧問醫生（Consultant）或至衛生署助理署長、副署長及署長，事業生涯發展路向清晰。

不少醫生在公立醫院累積一定經驗後會轉投私家醫院掛牌，又或選擇自行開設私家診所；也有部分學生在取得專業資格、成為香港註冊醫生後，會選擇進入私家醫院接受家庭醫生培訓。私立醫院工作時間較長，但往往開出更高的薪酬回報。

倘若畢業生有興趣研究醫學領域，亦可選擇在大學從事專科的研究人員。職位晉升道路為助理教授、副教授、正教授，亦可同時兼任行政職位例如課程主任、學系主任、院長等，工作較自由，但有科研壓力。

A+I 適合做建築師

建築學（Architecture）是一門領域廣闊
的學科，從構思、設計、施工、設備，到
文化、歷史、研究，需要細分不同相關專
業，都需要不同的人才。這行業的專才通
常在藝術型和研究型的維度分數較高，他
們的個性大多追求創新、獨立、完美、求
知慾強，善於完成需要獨立分析的工作。

高中沒指定必修科目

建築學作為一門專業性學科，入學要求較高，該專業以設計為中心，著重培
養學生的社會責任感、學科深入能力和創造力、動手力，要求學生樂於創造
新穎、與眾不同的成果。如果想從事建築學專業，學生需要在公開考試中選
修以下科目：

揭開性格密碼
開展職涯規劃

A-Level：修有藝術與設計相關課程，理科通常需要修讀數學、物理，文科通常需要修讀以論文為評核基礎的（Essay-based）學科如歷史；

IB：同A-Level，基本上沒有指定科目；

HKDSE：應選修理科科目為主，如物理、綜合科學、組合科學（化學、物理）和組合科學（生物、物理）等。

要報讀建築學專業，香港及英國大學有以下熱門選擇：

圖表6.3　熱門香港及英國大學建築學士課程

院校		課程	2020年入學分數參考		
			A-Level	IB	HKDSE
香港	香港大學	建築學文學士	AAB	33分	最佳6科：36（HQ），34（M），32（LQ）
	香港中文大學	建築學	未公開	未公開	最佳5科：29（HQ），26（M），26（LQ）
英國	劍橋大學	Architecture BA（Hons）	A*AA	40-42分，3科HL取得766	不適用
	倫敦大學學院	Architecture BSc	AAB	36分，3科HL取得17分	不適用
	巴斯大學	Architecture BSc（Hons）	A*AA	36分，3科HL獲766	不適用
	羅浮堡大學	Architecture BArch（Hons）	AAB	35分，3科HL獲665	不適用
	謝菲爾德大學	Architecture BA	AAA	36分	不適用

資料來源：JUPAS、UCAS

成為註冊建築師

大部分建築學系畢業生都有成為建築師的夢想,其實除了傳統的建築師外,還有結構設計師、設備設計師、幕牆設計師、工廠設計師、景觀設計師、土木設計師、照明設計師、音響設計師、傢俱設計師、店舖開發人員、室內設計師、廚房設計師、電影舞臺製作、古建築保護修復等。建築師通過帶領和協調上述不同專業人士的合作,共同建造出一個合理、安全、美觀以及舒適的空間。

此外,建築學系的學生尚可從事項目設計及規劃如何合理使用建築的工作,如城市規劃、房地產開發商、建築策劃師、房地產投資信託、設施經理、改建顧問等;將平面的建築圖落實到施工現場的園藝師、建築現場監督人員;以及造價師、工程地質勘察員、建築模型製作人員、施工許可審核員、設計專利審查員等支援工作,以及也可根據自己的興趣,投身媒體、教育、建築研究和文化研究領域。

修畢海外大學建築學課程後,畢業生可回港註冊成為香港的註冊建築師:

學歷要求:完成香港建築師學會認可的海外3年學士學位課程 + 2年碩士學位課程;

實習要求:完成香港建築師學會認可的不少於2年的實習;

評估要求:提交學位證明、成績單、作品集等資料,作學業資格評估(Academic Qualifying Assessment, AQA)之用;

考試要求:通過香港建築師學會的專業資格考試(Professional Assessment,PA);

註　　冊:向建築師註冊管理局申請註冊。

若已持有海外認可的註冊建築師資格：

資歷要求：獲得香港建築師學會認可的非本地認可資歷；

評估要求：通過香港建築師學會的評估（包括Case Report以及 Professional Interview）；

註　　冊：向建築師註冊管理局申請註冊。

圖表6.4　香港建築師學會認可的非本地資歷

國家或地區	機構
英國	英國建築師註冊管理局（Architects Registration Board, ARB）
澳洲	澳洲建築師資格協會（Architects Accreditation Council of Australia, AACA）
紐西蘭	紐西蘭建築師教育及註冊管理局（Architects Education and Registration Board, AERB）
加拿大	部分省級註冊（By provincial registration）
中國	中華人民共和國一級註冊建築師（National Administration Board of Architectural Registration, NABAR）
美國	美國註冊建築師委員會（National Council of Architects Registration Boards, NCARB）

資料來源：香港建築師學會

成為註冊建築師之後，可以從見習建築師開始，升至助理建築師、建築師、高級建築師，直至晉升成為總建築師。

S+E+I 適合精算

精算學（Actuarial Science）是一門應用於財務或保險的數學與統計科學。精算專才通常在研究型、社會型以及企業型的維度分數較高。他們善於獨立思考、分析、推理，性格謹慎，擅長用社交方式解決工作問題，在生活上能夠保持樂觀與自信，重視經濟上的成就。

學生通過接受金融、統計以及精算理論的訓練，考取牌照後成為精算專才，結合本地乃至全球的保險市場課題包括保險功能、保險市場運作、金融市場、金融投資組合和衍生工具等知識，服務於保險公司、顧問公司、銀行、會計師事務所等專業機構的精算部門。

要求較佳數學成績

如果想選擇從事精算行業，學生需要在學業上提前做好準備：

A-Level：對數學科要求較高，同時修讀 Further Mathematics 會較有優勢；

IB：對數學科成績有較高要求；

HKDSE：宜選修數學延伸部分（M1/M2），羽一提醒，英文、數學必修部分以及數學延伸部分（M1/M2）在部分 JUPAS 課程中佔比重較大。

要學習精算專業，香港及英國大學有以下熱門選擇：

圖表6.5　熱門香港及英國大學精算學士課程

院校		課程	2020年入學分數參考		
			A-Level	IB	HKDSE
香港	香港大學	建築學文學士	AAB	33分	最佳6科：36(HQ)，34(M)，32(LQ)
	香港中文大學	建築學	未公開	未公開	最佳5科：29(HQ)，26(M)，26(LQ)
英國	倫敦政治經濟學院	BSc Actuarial Science	AAA，數學A	38分，3科HL（包括數學）獲766	不適用
	曼徹斯特大學	BSc Actuarial Science and Mathematics	A*AA，數學A*至AAA，數學A	36分，3科HL（包括數學）獲666	不適用
	肯特大學	Actuarial Science - BSc (Hons)	AAB，數學A	34分，3科HL取得17分(包括數學6分)	不適用
	修咸頓大學	Economics & Actuarial Science（BSc）	AAA或AABB，數學A	36分，3科HL取得18分(包括數學6分)	不適用

資料來源：JUPAS、UCAS

報考精算師考試　毋須專業學位

精算師資格考試尚未實現香港本地化，有志成為精算師並在香港就業的人才，需要通過海外精算師考試並獲得相關機構資格認證，例如英國精算學會（Institute and Faculty of Actuaries, IFoA）、澳洲精算師學會（Fellowship of the Institute of Actuaries of Australia, FIAA）、美國精算學會（Society of

Actuaries, SOA）及北美產險精算學會（Casualty Actuarial Society, CAS）。

香港大學和香港中文大學的精算學士學位課程獲SOA 頒發為「精算卓越中心」，該兩所大學的課程設置及專業實習機會能幫助學生考獲SOA精算專業考試。

至於要獲得英國IFoA頒發的精算師專業資格，需要：
（1）成為IFoA學生會員；
（2）完成基礎原理課程（Core Principles Subjects）以及基礎實踐課程（Core Practices Subjects）要求；
（3）完成專項原理課程（Specialist Principles Subjects）以及專項進階課程（Specialist Advanced Subjects）要求；
（4）完成PPD（Personal and Professional Development）要求；
（5）完成PSC（Professional Skills Course）訓練課程。

不過，報考海外精算師考試毋須修畢精算專業，據統計數字顯示，報考海外精算師考試的，不乏來自數學、統計學、風險管理、計量（量化）金融學科的學生。

香港作為亞洲金融中心，非常有利於精算師的職業發展，尤其是現時香港政府將「精算師」列為「香港11大人才清單」之一，海外人才可以透過「優秀人才入境計劃」獲得入境便利。成為精算師助理後，晉升路徑為合格精算師、助理經理、經理、高級經理，直至首席精算師。但是由上文可見，成為具備專業資格認證的精算師道路非常艱苦且漫長。有志於從事專業精算師的學生應該及早做好心理建設，把握好大學時間備考和實習。

S+E+R 適合從事金融

經濟、金融及金融科技學（Economics, Finance and Financial Technology）專才通常在企業型、社會型及實幹型的分數較高。他們精力旺盛、富有冒險和競爭精神、說服能力強、做事有計劃並能夠立即付諸行動。他們講求實際，渴望自己的表現能夠獲得身邊的人的認可。

如果想選擇從事經濟、金融及金融科技行業，學生需要在學業上提前做好準備：

A-Level：對數學科有較高要求，修讀Further Mathematics會較有優勢。個別院校對英文科亦有要求。

IB：對數學及英文科有較高要求，一般要求HL必修數學，如Analysis and Approaches 或 Applications and Interpretation 科目。

HKDSE：在選修科目可以選擇數學延伸部分（M1/M2）、企業會計與財務概論、經濟、資訊及通訊科技、組合科學、物理、化學或者生物等。

要報讀經濟、金融及金融科技學專業，香港及英國大學有以下熱門選擇：

圖表6.6　熱門香港及英國大學經濟、金融學士課程

院校		課程	2020年入學分數參考		
			A–Level	IB	HKDSE
香港	香港大學	文理學士（金融科技）	2A1B	33分	39（HQ），36（M），35（LQ）
		經濟學學士／經濟金融學學士	2A2B／3A	34分	32（HQ），30（M），29（LQ）
		金融學學士（資產管理及私人銀行）	1A*2A	38分	39（HQ），38（M），38（LQ）
		理學士（計量金融）	2A*2A	39分	41（HQ），38（M），38（LQ）
	香港中文大學	金融科技學	未公開	未公開	最佳5科：28（HQ），27（M），25（LQ）
		計量金融學及風險管理科學（QFRM）	未公開	未公開	最佳5科：33（HQ），32（M），31（LQ）
		計量金融學（QFIN）	未公開	未公開	最佳5科：31（HQ），30（M），30（LQ）
		保險、金融與精算學	未公開	未公開	最佳5科：28（HQ），27（M），26（LQ）
	香港科技大學	理學士（量化金融學）	≥ AAB	≥ 34分	英文＋數學＋其他最佳4科：59.5（HAS），52（M），51（LQ）
		工商管理學士（金融學）	≥ AAB	≥ 34分	英文＋數學＋其他最佳4科：59.5（HAS），44（M），43（LQ）
		理學士（經濟及金融學）	≥ AAB	≥ 34分	英文＋數學＋其他最佳4科：59.5（HAS），56（M），46（LQ）

院校	課程	2020年入學分數參考		
		A-Level	**IB**	**HKDSE**
英國 倫敦政治經濟學院	BSc Finance	A*AA，數學A*	38分，3科HL取得766（數學7分）	不適用
華威大學	BSc Accounting & Finance	AAA（包括數學）	38分，HL數學5分	不適用
列斯大學	Economics and Finance BSc	AAA	35分，英文5分，SL數學5分/HL數學4分	不適用
格拉斯哥大學	Accountancy & Finance BAcc	AAA至ABB	32（3科HL取得655）至38分（3科HL取得666）	不適用
斯特拉斯克萊德大學	Economics & Finance BA（Hons）	ABB至BBB	36分，沒有科目低於5分	不適用

資料來源：JUPAS、UCAS

宜大學期間取得專業資格

將此行業領域按照專業技術及性質重新劃分，可以分為(1)量化：風險管理（Risk Management）、資產評估與定價（Capital Appraisal and Pricing）、衍生品設計（Derivatives Designing）以及投資組合管理（Portfolio Management），以統計、編程、計算機科學以及數學學科為主；(2)非量化：基本面分析（Fundamental Analysis）、技術面分析（Technical Analysis）以及財務分析（Financial Analysis），主要以公司金融學為應用基礎。

大部分金融機構的入門、初級以及中級管理職位的人員，都持有金融專業資格證書，例如特許金融分析師（CFA）、註冊會計師（HKICPA／ACCA）、金融風險管理師（FRM）、國際註冊內部審計師（CIA）等。因此，學生即使進入

了一間名氣不錯的大學，亦應主動盡快在大學期間或者畢業一兩年內考取專業領域的資格證書。

若有志晉升至高級管理層，在經濟條件許可的情況下，應攻讀頂級名校工商管理碩士（MBA）課程，以獲得學士教育所普遍欠缺的談判技巧、金融及管理智慧融通等素養。

經濟、金融及金融科技行業的薪酬居各行業前列令許多人趨之若鶩，因而該專業領域無論是大學收生、公司招聘，抑或是公司內部晉升，其門檻以及要求相當高。但其實該行業的從業人員需經受大浪淘沙的考驗。有志於從事該行業的學生應及早評估自己的能力及興趣，把握好寒暑假實習及專業資格考試機會。

揭開性格密碼
開展職涯規劃

S+E+I 適合學法律

法律學(Law)是一門專業學科,通過培訓學生分析和批判性思維技巧,以成為優秀的法律人才。法律專才通常在企業型和社會型、或企業型和研究型的綜合分數較高。他們的個性大多喜歡競爭、敢冒險、愛社交、善於獨立和有創造性的工作。他們做事理性、精確、社會道德感十分強。

英國大學法律系 須另考入學試

如果想選擇從事法律專業,學生需要在學業上提前做好下面準備:

A-Level: 對科目沒有特定要求,最好修有Essay-based類或AS學科。個別涉及他國法律的海外課程,需要有相應的外語基礎。

IB: 要求大致上與A-Level相同。

HKDSE: 在選修科目可以選擇所有甲類選修科目,如中國文學、英語文學、中國歷史、經濟、地理、歷史、生物、化學、物理、組合科學、綜合科學、企業會計與財務概論、資訊及通訊科技等。

若有意報讀英國大學法律系,大多需要準備**英國大學法律入學試(National Admissions Test for Law, LNAT)**。

要報讀法律專業，香港及英國大學有以下熱門選擇：

圖表6.7　熱門香港及英國大學法律學士課程

院校		課程	2020年入學分數參考		
			A-Level	IB	HKDSE
香港	香港大學	文學士及法學士（雙學位課程）	1A*3A / 2A*1A	37分	44（HQ），41（M），39（LQ）
		社會科學學士（政治學與法學）及法學士（雙學位課程）	1A*3A / 2A*1A	37分	41（HQ），39（M），38（LQ）
		工商管理學士（法學）及法學士（雙學位課程）	2A*1A	41分	44（HQ），41（M），39（LQ）
	香港中文大學	法學士（LLB）	未公布	未公布	4C+2X：33（HQ），32（M），31（LQ）
		工商管理學士（工商管理學士綜合課程）及法律博士雙學位課程（BBA-JD）	未公布	未公布	4C+2X：33（HQ），33（M），32（LQ）
英國	劍橋大學	Law BA（Hons）	A*AA	40-42分，3科HL取得776	不適用
	牛津大學	Law（Jurisprudence）	AAA	38分（包括核心科目），3科HL取得666	不適用
	倫敦大學學院	Law LLB	A*AA	39分，3科HL取得19分，沒有科目低於5分	不適用
	倫敦政治經濟學院	LLB Bachelor of Laws	A*AA	38分，3科HL取得766	不適用
	格拉斯哥大學	Common Law LLB	AAA（A-Level English or GCSE English Grade A / 7. LNAT.）	34（3科HL取得655）至38分（3科HL取得666）	不適用

資料來源：JUPAS、UCAS

回港執業 須過五關斬六將

海外大學法律學學士、非法律學士和海外律師可通過不同途徑成為本港執業事務律師（Solicitors）及大律師（Barristers）。

對海外大學法律學學士，需視乎學位屬普通法系或非普通法系，若屬普通法系，需參加法學專業入學資格考試（Hong Kong Conversion Examination for PCLL Admission, CEPA）；若屬非普通法系，須報讀本地大學開設的法律博士（Juris Doctor, JD）課程。

非法律學士則可透過報讀本地大學的法律博士課程，或香港大學專業進修學院（HKU SPACE）與英國曼徹斯特都會大學（Manchester Metropolitan University）合辦的法律專業共同試課程（Common Professional Examination of England & Wales, CPE）1年全日制／2年兼讀制課程，或報讀英國法律深造文憑（Graduate Diploma in Law, GDL）1年全日制／2年兼讀制課程。

圖表6.8 本地法律博士課程

院校	課程介紹
香港大學	只提供2年全日制法律博士課程，要求持有本地或海外大學非法律學士學位學歷，並至少取得二級榮譽甲等畢業，並通過個人面試。
香港中文大學	提供2年全日制及3.5年兼讀制法律博士課程，需持有本地或海外大學非法律學士學位（至少二級榮譽畢業）。
香港城市大學	只提供3年全日制法律博士課程，要求持有本地或海外大學非法律學士學位。

完成上述課程後，還需修讀1年（全日制）或2年（兼讀制）法學專業證書（Postgraduate Certificate in Laws, PCLL），以及擁有2年實習律師（Trainee Solicitor, TS）或1年實習大律師（Pupil）本地工作經驗，方可獲得本港執業資格。

除非已經擁有海外律師執照，凡想成為香港執業律師，都必須經過 PCLL 的考驗。香港只有香港大學、香港中文大學及香港城市大學提供 PCLL 課程，每年約取錄 700 至 800 人，約 2 名學生爭取 1 個學位。考生需注意，每間學校取錄本地畢業生的佔比不一，考生應結合自身情況選擇適合自己的大學。

至於海外執業律師，須擁有海外普通法系或非普通法系律師執業資格，並擁有 2 年（普通法系）或 5 年（非普通法系）經驗；參與海外律師資格考試（Overseas Lawyer Qualification Examination, OLQE）；以及滿足香港居住時間要求，可申請成為香港執業律師。

律師大律師　沒從屬關係

擁有本港律師牌照後，可向以下方向執業：大律師（訟務律師）、律師（事務律師）、檢察官、調解員、法律及法規事務經理、公司秘書。要留意，「律師」和「大律師」本身沒有高低從屬的關係，他們在工作性質、範圍、訓練和專業守則上不盡相同。

律師（事務律師）的工作事項包括上市、收購合併、離婚、樓宇買賣等法律事務，以及代理大律師與當事人洽談、接收案件、會晤證人、調查取證等。一般來說，事務律師按專業範疇可再細分為民事律師、刑事律師和行政律師。事務律師亦可參與訟務工作，然而其出庭發言權受到限制，通常只可在裁判法院、區域法院等出庭辯護，但是有部分事務律師被允許在高等法院審訊的案件中出庭發言。

要成為律師，要在取得法學專業證書後，在律師事務所見習2年，然後向法院及香港律師會（The Law Society of Hong Kong）申請成為執業律師。成為執業律師後，只能受聘於律師事務所，最少有2年經驗以後，才能開設自己的事務所，成為合夥人、資深合夥人，甚至首席合夥人。

大律師（訟務律師）是訟辯專家，在高等法院及終審法院均有不受限制的出庭發言權。要成為大律師，要在取得法學專業證書後，必須跟隨一名最少有5年經驗的大律師實習1年，然後向香港大律師公會（Hong Kong Bar Association）申請正式執業證書，同時必須自行成立律師事務所（Chamber）後，才可執業。

大律師的職務主要有：提供專業法律意見、幫助當事人草擬訟書和法律文件。雖然在日常生活中我們會見到大律師們共用事務所，但是各位大律師會獨立執業、獨立處理各自案件。大律師的職業晉升路徑為見習大律師、大律師、資深大律師（由終審法院首席法官委任）。

新興專業
配對哪種性格類型？

R+I 適合攻讀生醫工程

英國有著世界前列的精英教育理念，其大學亦走在時代尖端，開創不少新興跨學科專業，為行業培養精英。醫療行業一直都是社會命脈，其中醫療設備種類繁多，涉及面甚廣。生物醫學工程（Biomedical Engineering）主力研發醫療器材，當中運用醫學影像技術、基因晶片、納米技術、新型材料等技術，全方位提升醫療器材的效能和安全性，幫助醫生為病人斷症。

事實上，這門學科屬跨學科範疇，結合了醫學和工程學，並在生物科學領域合流。課程內容涵蓋醫學基礎、如醫藥微生物學、解剖學、生物醫藥、血液學、細胞學、免疫學等；在工程學範疇，學生需要學習機械工程及電子工程等實務技能。根據霍爾蘭六邊形，擅長於這類別的人通常在研究型和實幹型分數會較高。這學科著重實踐，課程有大量工作實習機會，例如部分院校會安排學生前往醫院實習，小部分學生更能前往其他國家參與研究實習，近距離觀察先進且精密的醫療器材是如何運作的，在學習之餘，亦能反思目前情

況下，是否尚有改善的空間。以香港本地課程為例，中大生物醫學工程課程內容包括「醫療大數據分析」，利用大數據分析醫療數據，幫助診斷；「分子和細胞工程實驗」會通過實驗研究生物機理，以研發早期診斷的儀器；「工程醫學環球創新」教導學生由構思、研發並銷售醫療器材，為學生累積創業經驗。

各項理科均要求高分

英國大學的生物醫學工程專業屬醫學相關學科，由於其跨學科特性，吸引不少國際生報讀，故而競爭激烈。該專業的入學要求甚高，特別是理科科目。以倫敦大學學院的生物醫學理學士（Biomedical Sciences BSc）課程為例，A-Level 要求 AAA，其中必須包括生物和化學，另外建議包含數學。IB 須取得 38 分或以上，HL 總分需達 18 分，其中生物和化學需達 6 分，數學建議不低於 5 分。而不同院校及學科收生要求、英語能力亦會不同，各院校均有對 IELTS 分數的基本要求，排名愈高的大學，自然對 IELTS 成績要求愈高。

1. 倫敦大學學院 吸引業界人士深造

該校的生物醫學理學碩士（Biomedical Sciences MSc）課程重視實踐，要求每個學生都會參與一個項目，在數個命題中選擇其研究領域，提升他們在生物醫學領域的就業競爭力。該課程甚至吸引了業內人士回校深造，可見課程在業內口碑頗豐。

2. 布里斯托大學 小班教學

該校的生物醫學理學碩士（Biomedical Sciences Research MSc）課程聚焦生物醫學科學領域，會為學生提供進行實驗研究的機會。作為研究型課程，課程採用小班教學模式，校內配備了先進的生物醫學設施和技術配套，在教

學和研究中達到平衡。學生也可以選擇參與校外的醫院、科學院或研究所實習。畢業後,除了攻讀博士之外,所從事的職業多涉及教育、醫療、工業等行業。

3. 格拉斯哥大學 全英前十

位於蘇格蘭的格拉斯哥大學在生物科學領域排名靠前,處於英國前十位,QS前百位。其生物醫學理學碩士(Biomedical Sciences MSc)課程提供各種前線技術的培訓,以及理論實踐。課程分為理論教學和研究,分階段先打好理論基礎,再進行專業研究。學生日後無論是繼續深造,還是從事專業領域,都能遊刃有餘。

4. 巴斯大學 聚焦分子生物學

巴斯大學的生物科學理學碩士(Molecular Biosciences (Medical Biosciences) MSc)課程將教授生物系統的分子基礎,作為課程的重點,其實習課程經過行業內專業合作夥伴的把關,例如全球第三大的製藥、生物以及衛生保健公司葛蘭素史克(GlaxoSmithKline, GSK),學生有足夠機會學習得分子生物科學領域必備的理論知識和技能。同時,學生亦有機會與專業研究人員合作,運用分子生物科學前沿技術,進一步認識疾病的分子與遺傳基礎。

5. 倫敦瑪麗女王大學 設3項授課模式

該校的生物醫學理學碩士(Biomedical Sciences MSc)課程有全日制、兼讀制和遠程學習三種授課模式,學生將學習生物醫學科學領域的專業知識並加以實踐,進行專題研究。該校在醫學微生物學範疇的表現尤為出色,備有專門的實驗室設備與材料,為學生進行專業且深入的研究奠定基礎。

出路廣　研發銷售設計均可行

至於就業，畢業生出路甚廣，譬如可以在醫院任職生物醫學工程師，負責維修醫療器材並教導前線醫護使用器材；或是在醫療器材、醫藥企業擔任銷售推廣、管理和顧問，向醫院和診所銷售產品；亦可應用所學理論和知識，成為醫療器材的設計者。畢業生亦可選擇深造，晉身醫學研究的前線，攻剋疑難雜症。

更重要的是，生物醫學工程的專業在香港已受廣泛認可，英國大學畢業生可提供學歷證明，再經香港工程師學會進行所需專業評審或會面，從而獲得香港工程師學會生物醫學工程界別的認證。再加上3年相關的工作經驗，便可獲取生物醫學工程師資格，職業之路正式啓程。

A+I 適合學習人工智能

人工智能（Artificial Intelligence, AI）為利用工具拓展人類智能的學科，這門學科在1956年提出，屬於年輕及有活力的學科。人工智能統屬於計算機科學（Computer Science）下的分支，也與計算機科學、數學、神經科學等學科合流，可以說是一門跨領域學科。人工智能已經逐漸與我們的生活融為一體，在可以預見的將來，人工智能將在互聯網、傢具、運輸、醫療、工

業製造等範疇發揮更大的作用。相關的專業人才，自然會有廣闊的發展道路。根據霍爾蘭六邊形，擅長於這類別的人通常在研究型和藝術型分數會較高。

數學理論與工程技術兼備

人工智能分為強弱兩種，弱人工智能（Artificial Narrow Intelligence, ANI）指擅長單一工作的人工智能，例如蘋果的 Siri 和 Google 的 AlphaGo。而強人工智能（Artificial General Intelligence, AGI）可謂真正意義上的機械人，追求擬真，但目前受限於科技水平，未有突破性發展。現時人工智能的核心課題包括語音識別、機器學習、推理等。舉例而言，機器學習就是讓電腦不斷學習，總結規律，從而對新的情景進行有效預判；語音識別是提升機器對聲音的識別程度；機器在視覺上，也可以通過分析大量圖像，從而進行有效識別。這些課題看似沒有什麼關聯，其實全都反映出機器學習的核心，將所有的研究成果結合起來，就能真正推動人工智能的綜合發展。

以目前該學科的發展勢頭來看，人工智能將來某一日獨立於計算機科學，自立門戶，並非不可能。而上述議題，便是人工智能課程的內容所在。事實上，該學科既強調理論學習，亦注重培養專業的工程技術人才。在學士階段，課程內容除了剛才提到的基礎課程，還有數學基礎課程包括高等代數、概率學、數理邏輯等，因為一切人工智能的誕生，都離不開背後的程序代碼、抽象模型和算法分析。其後便會進入專業課程階段，根據選修的課程決定發展路向，並會拓展至其他學科領域，如電子、數學、機械工程，甚至心理學、哲學等領域。只有全面的人才，才能夠在人工智能領域穩步前行。

數學必須達最高分

英國科學家艾倫 · 圖靈（Alan Turing）被譽為人工智能之父，而英國大學在人工智能領域成就頗豐，水準也非常高。人工智能學科十分熱門，相關專業的A-Level成績要求通常為AAB或以上，IB分數需要達到34分以上，其中數學必須達到最高要求的。至於碩士課程，二級榮譽畢業是最低要求，而數學、物理、工程、計算機科學更是必修學科，也要具備相當的電腦水平。

人工智能學科在英國有不同的細分專業可供選擇：

1. 倫敦大學學院 AlphaGo 之父搖籃

倫敦大學學院屬G5超級精英大學之一，穩守人工智能前端，人工智能圍棋軟件AlphaGo的設計者傑米斯 · 哈薩比斯（Demis Hassabis）和大衛 · 西爾弗（David Silver）正是該校校友。校內還有不少先進的人工智能科研機構，目前該校開設的機器學習理學碩士（Machine Learning MSc）課程，內容包括機器學習的方法，以後如何進行資訊檢索（Information Retrieval）和數據

挖掘（Data Mining），更深入到機器的情感計算和人機互動等範疇。

2. 帝國理工學院 G5理工名校

屬 G5 超級精英大學之一，作為理工科名校，該校在計算機領域實力雄厚，亦帶動了人工智能學科的發展。目前開設人工智能與機器學習理學碩士（Computing (Artificial Intelligence and Machine Learning) MSc）課程，內容與編程、機械人技術等有關。

3. 愛丁堡大學 歐洲AI第一

愛丁堡大學信息學院（School of Informatics）歷史悠久，號稱「歐洲人工智能第一」，其人工智能理學碩士（Artificial Intelligence MSc）課程聚焦自然語言處理（Natural Language Processing, NLP），為利用神經科學、認知科學、語言學、電腦科學、數學、統計和心理學來進行知識表達和推理，讓電腦擁有理解人類語言的能力。

4. 聖安德魯斯大學 研究為導向

聖安德魯斯大學是蘇格蘭最古老大學，學校規模雖然較小，但學術能力同樣超卓。該校開辦的人工智能理學碩士（Artificial Intelligence MSc）採用研究導向的學習模式，項目包括人工智能的語言處理、機器學習及神經網絡。

5. 曼徹斯特大學 歷史底蘊深厚

曼徹斯特大學是第一台現代電腦 Baby 的誕生地，具備一定的歷史文化底蘊，在人工智能領域同樣享有盛名，其提供的電腦（人工智能）理學碩士（MSc ACS Artificial Intelligence）要求申請學生具有扎實的相關電腦科學學術背景。

6. 埃克塞特大學 課程實用

埃克塞特大學（University of Exeter）開設的應用人工智能理學碩士（MSc Applied Artificial Intelligence），注重將人工智能運用於商業或工業當中，強調實踐。課程內容與演算法、編程、神經網絡等相關，屬另闢蹊徑。

跨國巨企公司求才若渴

政府大力推動科技創新，社會大環境相當利好人工智能行業，對專業人才需求較大，因此潛力十足，未來可期。

目前人工智能的專業就業方向大致可分為（1）運用機器學習，分析大數據的網絡搜索，如Google、百度等，（2）生物識別，如電話上的面部、虹膜、指紋解鎖等，（3）圖像處理，調較相機或電話攝像頭成像效果等，如Sony、Samsung等大廠。西門子、飛利浦等公司類似的還有醫學圖像處理負責調教與醫療器械相關的圖像成像。當然，有興趣在以上領域進行更深入研究的同學，可以嘗試繼續升學深造，走學術之路。

R+I 適合從事新能源科學工程

世界主要國家和地區均把風力、太陽能、生物質能等新能源技術視為新一輪科技革命和產業革命的突破點，例如英國政府資助可再生能源創新技術、低碳工業、核能創新等新能源相關計劃。加之前景廣闊的區塊鏈、5G網絡、3D列印技術，推動能源進入數位化和分佈式精準管理的發展，減低了運作成本。羽一相信，新能源必然是未來能源發展的主要方向，新能源科學與工程（New Energy Science and Engineering）正是研究新能源的應用方向。

現今大多數專業將新能源科學與工程學科結合，例如能源工程、傳熱學、流體力學、動力機械、動力工程等。在這些學科中，學生可掌握新能源轉換與利用原理、新能源裝置的結構及系統運行技術等方面的專業知識。以風力為例，課程包括了風力機原理、風電機組的設計與製造等內容，涵蓋開發風能、設備研發、製造、利用到維護等內容。其他新能源如太陽能、生物質能、核能等，均有各自的課程設計和學習領域。總的來說，作為一門相當年輕的專業，新能源科學與工程屬於典型的跨學科專業，入讀的學生都會被塑造為複合型人才。根據霍爾蘭六邊形，擅長於這類別的人通常在實幹型和研究型分數會較高。

揭開性格密碼
開展職涯規劃

碩士課程為主 不限學士專業

英國大學開辦不少新能源相關專業的課程，甚具潛力，均屬頂尖水平。新能源科學專業以碩士課程為主，報讀的學生通常須為一級榮譽學士。幸好新能源科學碩士課程沒有限定學士專業要求，諸如機械、土木、化學工程、甚至純物理和化學等均可以申請。這類課程對英語能力的要求亦較高，IELTS最好取得7分以上。

1.劍橋大學 一年修畢 MPhil

劍橋大學基本上科科出色，更以數理科見勝，目前院校開設一年制能源技術哲學碩士（MPhil in Energy Technologies），為各院校新能源相關專業中最出色的。學生會瞭解能源的利用、發電、能源效率及另類能源，以及進行一項有關能源工程的研究項目，為博士之路奠下基礎。

2.倫敦大學學院 相關課程眾多

倫敦大學學院於2008年在澳洲阿德萊德（Adelaide）成立分校，該分校正正以環境和能源研究為核心目標，因此倫敦大學學院的新能源專業不但

實力強勁，而且開設專業種類更多，有能源經濟、政策與環境理學碩士（Economics and Policy of Energy and the Environment MSc）和能源與環境材料理學碩士（Materials for Energy and Environment MSc）。

3. 帝國理工學院 跨學科課程

帝國理工學院的理工科為歐洲第一的水準，由未來能源實驗室開設的可持續能源發展理學碩士（MSc in Sustainable Energy Futures）屬跨學科的課程，學生會學習到工程學院、自然科學學院及商學院的知識。

4. 諾丁漢大學 聚焦綠色建築

諾丁漢大學為英國傳統名校，在新興的新能源科學領域，該校亦迎頭趕上，開設有可再生能源與建築理學碩士（Renewable Energy and Architecture MSc）。該課程旨在將可再生能源融入建築技術及設計內，鼓勵學生研究更多創新、節能、環保的建築。

5. 倫敦瑪麗女王大學 參與研究項目

倫敦瑪麗女王大學是是英國倫敦大學體系中最大的學院，屬世界排名前100的研究型大學。該校開設的課程相當廣泛，涉及藝術、工程、法律、自然科學等範疇，其中也照顧到新能源類專業，其可持續能源系統理學碩士（MSc in Sustainable Energy Systems）採用跨學科教學，學生會成為能源系統的研究項目的一份子。

6. 修咸頓大學 主打理工技術

修咸頓大學為羅素大學集團成員，以優秀的理工科著名，該校開設兩個能源與可持續性理學碩士課程，分別為MSc Energy and Sustainability

（Energy resources and Climate Change），著眼於能源和氣候變化；另一課程 為MSc Energy and Sustainability（Energy, Environment and Buildings），則著眼於能源、環境與建造。該校開設可持續能源技術碩士（MSc Sustainable Energy Technologies），可謂各有焦點。

7. 羅浮堡大學 歷史最悠久

羅浮堡大學（Loughborough University）在世界排名不算太高，不過其教學質量和學生滿意度可與英國G5超級精英大學相比，在英國本地排名相當不錯。該校的工程學科走在行業前沿，其可再生能源管理理學碩士（Renewable Energy Systems Technology MSc）已經開設了25年，是英國大學中歷史最悠久的再生能源工程碩士課程，相信能繼續保持其一貫水準。

新能源科學專業在不少國家都獲政府大力扶持，投放資源充足。在可見將來，專業人才可以憑藉其專業技能，進入風能、太陽能、生物質能等新能源企業，從事設備製造、檢修或管理等工作。另外，新興的電動車領域也是不錯的發展方向，Tesla的成功，世人有目共睹。當然，回歸科研和教育，也可成為推動新能源科學繼續發展的重要力量。

R+I+E 適合攻讀航空航太

航空航太工程（Aerospace Engineering）屬於工程學的其中一個分支，涉及數學、物理、材料學等多個領域的知識，由航空工程（Aeronautical Engineering）與航太工程（Astronautical Engineering）組合而成，飛機等航空器就屬於前者，而人造衛星等航天器則屬於後者。兩個專業重疊之後，有關這些航空和航天器的研究、設計、開發、建造、測試和維護，便是一眾工程師需要做的事。隨著科學技術的發展，探索太空已成為不少國家的核心目標，航空航太工程專業的工程師將擁有更多發展機會，未來潛在的人才需求還將不斷增加。根據霍爾蘭六邊形，擅長於這類別的人通常在實幹型、研究型和企業型分數會較高。

航空專業相關課程通常包括飛機工程、飛機駕駛、航空科技等。英國大學的航空航太工程學科更是五花八門，從飛行器已經可以產生不同的分支，不同的院校有不同的課程設計，譬如飛行器設計與工程、飛行器動力工程、飛行器製造工程、飛行器與生命保障工程，每個分支各有側重的主題。在面對眼花繚亂的航空類專業課程時，羽一提醒家長和學生，不要忘記仔細分辨其異同，選擇最適合自己的，方為上策。

大學競爭激烈 對數學和物理要求高

英國大學航空航天工程專業的競爭激烈，錄取率不高，理科表現要非常出色，通常A-Level要求3A成績，其中須包含數學或物理；IB通常要達34分。該專業同樣要求學生有高水平的英語能力，IELTS需達6.0分。以下介紹的英國大學相關專業課程，均獲得皇家航空學會（RAeS）認證。

1. 劍橋大學 排名第一

劍橋大學是航空工程專業最好的英國大學，屬雙學位課程，學生在4年完成BA和MEng兩個學位。這個課程備受業內認證，為排名第一，但錄取率只有21%。

2. 倫敦帝國學院 全英最佳碩士課程

倫敦帝國學院作為世界排名位於前列的名校，理工科的雄厚實力正是該校成名之本。該校的航空工程專業錄取率比劍橋更低，只有14.3%。其優勢在於提供了最好的航空工程碩士學位，以及優秀的師生比例（8：1）。

3. 巴斯大學 提供實習計劃

巴斯大學提供4年制航空工程碩士（Aerospace Engineering MEng）（Hons）課程錄取率只有20%。課程涵蓋與航空器相關的知識，並會教授空氣動力學。通過在實驗室中的理論學習和實踐，相信學生將會對飛機從設計、製造到飛行，所有環節都瞭如指掌。同學亦可選就讀五年制課程，三年級會到相關企業實習，獲得寶貴經驗。

4. 布里斯托大學 錄取率較高

布里斯托大學的航空工程學院提供三年制或四年制的航空工程學士課程（Aerospace Engineering BEng）課程。課程內容包含空氣動力學、動態與控制、結構和材料三大範疇。這個課程的錄取率則遠高於其他院校，高達63.3%。

5. 列斯大學 4年完成學士碩士

列斯大學的航空工程專業錄取率同樣高企，達77%。其航空工程課程旨在讓學生學會航空航天器的設計、製造和操作。此外，列斯大學還提供四年制綜合碩士（BEng和MEng）課程，同學只需四年便可取得學士與碩士兩個學位，考慮到留學生每年學費為24,000英鎊，這個課程可謂「性價比」高。

6. 格拉斯哥大學 英國航空研究基地

作為60年來航空航太研究的基地，格拉斯哥大學底蘊深厚，為學生提供了極佳的基礎設施。其航空系統工程學士和碩士課程（Aerospace Systems BEng/MEng）可説是蘇格蘭第一，在全英國亦可排入前三，課程圍繞現代飛機設計而進行，與先進的風洞、飛行模擬實驗室，無人駕駛自動駕駛（UAV）實驗室等相輔相成。該課程的錄取率約50%，約2個學生爭1個學額。

7. 修咸頓大學 課程結合航空航太

修咸頓大學提供航空工程學士和碩士（Aerospace Electronic Engineering BEng/MEng）學位，錄取率比較寬裕，達84%。它是羅素大學集團中唯一提供航空航太相結合課程的大學，課程內容涵蓋航空和航太領域，比較罕有亦較為全面。此外，學生還可以選擇更多相關專業課程，如空氣動力學、計算工程與設計、航天器工程等。

8. 諾丁漢大學 業界網絡強

諾丁漢大學提供航空工程的工學學士和工學碩士（Aerospace Engineering BEng/MEng），學生如有意深造，可以順利銜接。惟課程錄取率較低，只有11%。值得注意的是，大學航空工程部門與波音、勞斯萊斯航空航太公司的關係密切，個別人員會擔任客座講師，學生有機會向他們請教，機會難得。

9. 謝菲爾德大學 學無人機設計

該校航空航太工程學的學士和碩士（Aerospace Engineering BEng/MEng）課程錄取率高達85.6%。學士課程主要講解航空航太工程學的基礎，經過一年的核心課程學習，學生可以從兩個細分專業方向中選擇其一。至於該校的碩士課程內容涉及無人機設計、製造和駕駛，十分新穎。

10. 羅浮堡大學 競爭激烈

羅浮堡大學同時提供航空工程學士和碩士學位（Aeronautical Engineering BEng/MEng），但錄取率只有8%。課程內容涉及流體力學，熱力學，力學等範疇，涵蓋了飛機設計、結構、性能等相關主題。

起薪每年2萬英鎊

航空航天工程的畢業生將有機會在飛機、導彈、國防系統和航天器的相關企業就業，負責分析、設計和測試工作，在英國，航天製造和研發部門主要集中在英國中西部、北愛爾蘭、東南和威爾斯等地。2020年數據顯示，英國共有約114,000名航空工程師，起薪為年薪20,000至28,000英鎊。隨着職位和專業水準的增長，年薪可達33,453至51,388英鎊，行業董事或高級管理人員的年薪可達 84,974英鎊。由於航空航天工程屬專業學系，即使畢業生放棄擔任工程師，亦可選擇任職於機場、電廠、科技公司等。

後記

教育不單令我們茁壯成長，也廣開了一扇又一扇智慧之門。步入其中，我們不但能掌握人生的方向，也可看見更遼闊的一片天地。十分慶幸，也十分感恩，父母在羽一的教育及生涯成長路上不吝提供多種資源，創造不同的機會——讓羽一在負笈海外期間，見識多個不一樣的世界，成就今天的羽一。

世界上不同的國家，因歷史、社會、文化、經濟及科技發展等方面的差異，在教育上都各具特色，自成體系，各擅勝場。過往十多年間，羽一有幸曾參與策劃及製作多個不同系列教育節目及專案，從事多個不同教育議題的研究項目，這也間接成就了《精「英」大學堂——英國升學策略藍圖》順利付梓。能與一眾家長及莘莘學子們分享這些國家及地區的教育體制和特色，對羽一而言，這也是絕佳的教學相長經驗和過程。

在全球公民化新浪潮下，如能對不同國家及地區的教育制度有更廣、更深、更全面的瞭解，絕對讓我們在學業及生涯策劃上有着莫大的裨益。正因如此，羽一非常希望能透過這本書籍，與大家一同迎接全球教育的新時代——協助廣大家長朋友及他們的子女找尋最適合的教育制度和學習方法，找到個人的志向及職業發展路向，打開屬於他們的智慧大門，拓寬未來人生的無限機遇與可能！

EDUCATION 01

精英大學堂
英國升學策略藍圖

作者	凌羽一博士 Dr. Jeffrey Hui
出版經理	呂雪玲
責任編輯	梁韻廷
書籍設計	Marco Wong
相片提供	Getty Images

出版	天窗出版社有限公司 Enrich Publishing Ltd.
發行	天窗出版社有限公司 Enrich Publishing Ltd.
	香港九龍觀塘鴻圖道78號17樓A室
電話	(852) 2793 5678
傳真	(852) 2793 5030
網址	www.enrichculture.com
電郵	info@enrichculture.com
出版日期	2021年5月初版

承印	嘉昱有限公司
	九龍新蒲崗大有街26-28號天虹大廈7字樓
紙品供應	興泰行洋紙有限公司

定價	港幣 $168　新台幣 $700
國際書號	978-988-8599-62-2
圖書分類	(1)海外教育　(2)親子教養

支持環保 此書紙張經無氯漂白及以北歐再生林木纖維製造，並採用環保油墨。